Die Gründung der UNO jährt sich 1995 zum fünfzigsten Mal. Keine andere internationale Organisation provoziert so viele Hoffnungen, Erwartungen – und Enttäuschungen.

Maurice Bertrand zeigt in seiner kritischen Bilanz des bisherigen Wirkens der Vereinten Nationen, daß man der Organisation selbst nur wenig Vorwürfe machen kann. Die Hauptverantwortung für die Zahnlosigkeit der UNO liegt bei den Mitgliedsstaaten und hier insbesondere bei den fünf ständigen Mitgliedern des Sicherheitsrates, die die UNO stets nur als Bühne zum Ausfechten des Kalten Krieges und als Propagandaforum zum Niederhalten der berechtigten Forderungen der Entwicklungsländer mißbraucht haben. Dagegen bekam die Weltorganisation nie die erforderlichen Machtmittel in die Hand, um als eigenständiger, friedensstiftender Akteur auf der Weltbühne aufzutreten. Die bisher letzte Chance dazu wurde vergeben, als die westlichen Staaten nach 1985 Michail Gorbatschows weitreichende Reformvorschläge in den Wind schlugen.

Das Fazit Maurice Bertrands lautet, daß die Gründerväter der UNO aus den Fehlern und dem Scheitern des Völkerbunds nichts gelernt hätten; seine Forderung zielt auf eine grundlegende Reform der UNO, ja eigentlich auf ihre Neugründung.

Maurice Bertrand, Ehrenrichter am französischen Rechnungshof, war achtzehn Jahre lang Vorsitzender der gemeinsamen Inspektionsgruppe der UNO und ist damit einer der besten Kenner der Struktur und der grundsätzlichen Konstruktionsmängel der Weltorganisation. Er hat zahlreiche Artikel und Bücher über die UNO und über die Probleme des Weltfriedens veröffentlicht.

Maurice Bertrand

UNO

Geschichte und Bilanz

Aus dem Französischen
von Thorsten Schmidt

Fischer Taschenbuch Verlag

Für Doris

Lektorat: Oliver Thomas Domzalski

Deutsche Erstausgabe
Veröffentlicht im Fischer Taschenbuch Verlag GmbH,
Frankfurt am Main, Juni 1995

Die französische Originalausgabe
erschien 1994 unter dem Titel »L'ONU«
bei Editions La Découverte, Paris

Umschlagentwurf: Buchholz/Hinsch/Hensinger
Gesamtherstellung: Clausen & Bosse, Leck
Printed in Germany
ISBN 3-596-12812-9

Gedruckt auf chlor- und säurefreiem Papier

Inhalt

Verzeichnis der Kästen

Einleitung

Die Vereinten Nationen sind nur ein sehr bescheidenes Element im Gesamtgefüge der Institutionen, die die Beziehungen zwischen den Staaten regeln sollen. Dennoch provozieren sie heftige Emotionen und völlig gegensätzliche Meinungen. Dieses Paradox bedarf einer Erklärung.

Daß die UNO – trotz des hohen Stellenwertes, den sie seit Beginn der neunziger Jahre in der Berichterstattung der Medien genießt – nur ein winziger Teil eines riesigen Netzwerkes ist, steht völlig außer Zweifel. Denn die zwischenstaatlichen Beziehungen werden nicht nur von öffentlichen, sondern vor allem auch von privaten Institutionen getragen. Die trans- und multinationalen Unternehmen besitzen ein weltweites System ausländischer Tochtergesellschaften, Niederlassungen und Vertretungen, das ständig alarmbereit ist und einen starken Einfluß auf die Regierungen der einzelnen Staaten ausübt. Zudem gibt es eine Vielzahl nichtstaatlicher internationaler Organisationen (sogenannte »NGO«, Non-Governmental Organizations), die sich mit den unterschiedlichsten Problemen befassen und ebenfalls internationale Zweigstellen, Büros und Vertretungen unterhalten. Die Gesamtheit der völkerrechtlichen Beziehungen zwischen den annähernd 200 Staaten der Erde setzt sich im wesentlichen aus folgenden Untergruppen zusammen: Kontakte auf höchster Ebene zwischen Staats- und Regierungschefs bzw. zwischen Finanz- und Außenministern (im Rahmen sogenannter »Gipfeltreffen«); bilaterale diplomatische Beziehungen, also Botschaften, Konsulate und direkte Kontakte zwischen einzelstaatlichen Behörden; und ein System multilateraler, regionaler, interkontinentaler und globaler Organisationen mit politischer, wirtschaftlicher oder fachlicher Zielsetzung und einem sehr unterschiedlichen Grad von Kooperation und Integration.

Die UNO ist eine dieser Organisationen, erfüllt aber keineswegs die wichtigsten Aufgaben. So liegen etwa Sicherheitsfragen in erster Linie in der Verantwortung der Verteidigungsbündnisse, wirtschaftliche Fragen in der des Internationalen Währungsfonds, des GATT und der

OECD, und fachliche Probleme fallen in die Zuständigkeit regionaler und internationaler Sonderorganisationen. Die UNO befaßt sich mit all diesen Fragen nur am Rande, so daß man sich ohne weiteres ein System vorstellen kann, in dem ihre gegenwärtigen Aufgaben von anderen Institutionen wahrgenommen würden. Es mag daher verwundern, daß gerade diese Organisation stets leidenschaftliche Zustimmung und Ablehnung, Bewunderung und Spott erregt hat und noch immer erregt, und daß über ihre Interventionen, ihre Arbeitsweise, ihre Leistungsfähigkeit und über die erforderlichen Reformmaßnahmen tagtäglich die gegensätzlichsten Meinungen vertreten werden.

Dieses Paradox hat einen einfachen Grund: Im Gegensatz zu allen übrigen Elementen des aus staatlichen und privaten Organisationen geknüpften Geflechts der internationalen Beziehungen wurde die UNO nicht gegründet, um bestimmte, genau umrissene Aufgaben zu erfüllen. Sie sollte vielmehr einen Traum Wirklichkeit werden lassen. Da überrascht es nicht, daß jeder seine Wunschvorstellungen, seine Enttäuschungen und Illusionen auf sie projiziert. Dieser Traum ist der Traum vom Frieden. Träume vom Frieden sind aber nicht neutral. Jeder Friede basiert auf einer Ordnung, genauer: einer Weltordnung. Als die Sieger des Zweiten Weltkriegs die UNO gründeten, war für sie »Erhaltung des Friedens« gleichbedeutend mit der »Erhaltung der Ordnung«, die sie durch ihren Sieg geschaffen hatten. Da jedoch Stalin und Roosevelt unterschiedliche Vorstellungen von der künftigen Weltordnung hatten, war bei der Gründung der UNO Wunschdenken und Heuchelei im Spiel, verschleiert nur durch die Illusionen aus dem militärischen Bündnis gegen »Nazismus und Faschismus«.

Obgleich seit der Gründung der UNO 50 Jahre verstrichen sind und die Staatengemeinschaft sich grundlegend gewandelt hat, sind dieses Wunschdenken und diese Heuchelei noch immer nicht ausgeräumt. Die Bürger, die im Fernsehen die mit »UN« (für *United Nations*) gekennzeichneten Lastkraftwagen und Schützenpanzer an Schauplätzen kriegerischer Auseinandersetzungen sehen, an denen die »Blauhelme« direkt oder indirekt beteiligt sind, fragen sich, ob die UNO eine Organisation zur Wahrung des Friedens oder eine Organisation zur Kriegführung sei; ob sie ein unabhängiger Akteur auf der internationalen Bühne ist oder, durch den UN-Sicherheitsrat, nur das Vollstreckungsorgan von Beschlüssen der Großmächte, insbesondere der Vereinigten Staaten. Die Mißerfolge der UNO in Afghanistan, Angola, Jugoslawien und Somalia hinterlassen eine gewisse Ratlosigkeit: Presseartikel, die die Erfolglosigkeit der UNO auf Organisationsmängel der UN-»Bürokratie« zurückführen, wechseln ab mit Artikeln, die behaupten, daß die UNO die noch am wenigsten schlechte Lösung für die schwierigen Probleme sei, die sich aus zwischenstaatlichen Konflikten ergeben.

Das Bild, das sich der Mann auf der Straße von der UNO macht, basiert zweifellos auf lückenhaften Kenntnissen, auf den Vorstellungen, die er sich von der internationalen Bühne macht, und auf seinen allgemeinen politischen Überzeugungen. Dieses Bild wird auch von den Traditionen des Staates beeinflußt, in dem er lebt, und von den positiven oder negativen Beziehungen, die dieser Staat im Lauf seiner Geschichte zur UNO unterhalten hat. Es wird von manchmal sehr starken Gefühlen der Verachtung, der Feindschaft oder auch der Bewunderung geprägt und kann schließlich auch mit den plötzlichen Wechselfällen des Zeitgeschehens schwanken. Doch auch Fachleuten – seien es Wissenschaftler, Diplomaten oder sonstige Experten – fällt es nicht viel leichter als dem Mann auf der Straße, die Bedeutung und die Aktivitäten dieser Institution zu beurteilen und sich über die zur Steigerung ihrer Effizienz erforderlichen Reformmaßnahmen zu einigen. Wer regelmäßig an Kolloquien über internationale Organisationen teilnimmt, weiß um die prinzipiell unterschiedliche Wahrnehmung der UNO: Alles, was über die Weltorganisation geschrieben wird, basiert seit jeher entweder auf einem »Realismus« (bzw. Neorealismus), der jeglichen Wandel leugnet und behauptet, die internationalen Beziehungen würden weiterhin ausschließlich von nationalen Interessen beherrscht, so daß die Weltorganisationen wenig mehr seien als die Austragungsorte von Propagandafeldzügen; oder auf einem »Funktionalismus«, der, oftmals mit einer gewissen Naivität, behauptet, die Kontakte zwischen Experten brächten eine gemeinsame Kultur des Friedens hervor, die den endgültigen Sieg der westlichen Wertvorstellungen sicherstelle; oder auf einem im allgemeinen konservativen und rein deskriptiven Legalismus; oder auf theoretisch nicht weiter untermauerten Thesen von einer wechselseitigen Verflechtung der Einzelstaaten, oder auch auf – in unterschiedlichem Grade – utopischen Diskursen über die Kraft der Menschenrechte, der sittlichen Werte und der Demokratie, die letztlich zu einer Art föderaler Weltordnung führen werde; auf sie stützte sich schon der Idealismus des ehemaligen US-Präsidenten Woodrow Wilson.

Tatsächlich vermengen sich bei den meisten Menschen diese Ansätze auf verschiedene (und widersprüchliche) Weise, ohne daß daraus eine Theorie des Wandels, der Globalisierung, der Weiterentwicklung der

Vereinten Nationen und der weltweiten Integration hervorginge. Diese Verwirrung läßt sich nicht leicht beheben. Die globale Dimension der meisten Probleme zu beachten wird von Tag zu Tag immer wichtiger, zugleich ist sie jedoch immer schwerer zu durchschauen. Zudem ist es normal, daß die Vorstellung, die sich ein jeder von der wünschenswerten Weltordnung macht, von seiner Ideologie und seinen Unsicherheiten geprägt ist. Dagegen sollte es möglich sein, die Natur der UNO und die Rolle, die sie spielt, klar darzulegen. Heute, am Ende des 20. Jahrhunderts, besitzen wir einen hinreichend großen Abstand, um zu erklären, wie im 18. Jahrhundert eine bestimmte Idee des Friedens und einer damit korrespondierenden Weltordnung entstehen konnte; um zu verstehen, wie diese von Anfang an falsche Idee sich infolge von Umständen, die nach den beiden Weltkriegen eintraten, in einer Institution verkörpern konnte; um zu analysieren, wie diese anpassungsunfähige Institution sich trotz der geschichtlichen Beweise ihrer Wirkungslosigkeit unverändert erhalten konnte; um schließlich zu erklären, weshalb heute, da jeder vom »globalen Dorf« spricht, eine Modernisierung der Weltordnung noch immer unmöglich ist.

Dieses Buch möchte die komplexen Beziehungen zwischen den Friedensideen, der Institution, die diese Ideen verkörpert, und dem immer rascheren Wandel der politischen Situation auf unserem Planeten beschreiben.

1. Die Entstehung der Weltorganisation

Der Versuch, einen »ewigen Frieden« zwischen den Völkern zu stiften, ist keineswegs absurd, wie es uns die »Realisten« weismachen wollten. Er ist vielmehr in höchstem Maße revolutionär, insofern er mit einem veränderten Modell der Völkergemeinschaft einhergeht. Es geht darum, von einer Welt, die in miteinander rivalisierende Nationalstaaten zerfallen ist und für die, nach dem berühmten Diktum von Clausewitz, »der Krieg die Fortsetzung der Politik mit anderen Mitteln« darstellt, zu einer Weltgesellschaft mit einer gemeinsamen Ordnung überzugehen. Nun setzt jedoch eine derartige Ordnung nicht nur die Anerkennung einer gemeinsamen politischen Ideologie und einer gemeinsamen Kultur voraus, sondern auch die Errichtung eines völlig neuen Systems, das die Identitätsbedürfnisse der Völker befriedigen kann und aus einem Gefüge politischer Einheiten besteht, die keine absolute Souveränität mehr besitzen, sowie die Erarbeitung einer politischen Satzung der Menschheit in Form einer Weltverfassung. Und es geht darum, einen allgemeinen Abschied vom militaristischen Denken zu erreichen. Der Übergang zu einer »nach-clausewitzschen« Gesellschaft ist zwangsläufig ein sehr schwieriges Unterfangen.

Und doch war genau dies das Ziel derjenigen, die den Frieden durch die Errichtung einer Weltorganisation zu stabilisieren suchten. Es wäre ungerecht, ihnen den Vorwurf zu machen, sie hätten die Größe der Aufgabe unterschätzt bzw. nicht das zu ihrer Zeit verfügbare intellektuelle Instrumentarium eingesetzt. Der zeitliche Abstand, die gewonnenen Erfahrungen und neue Erkenntnisse erlauben uns heute aber den Schluß, daß sie grobe, unzulängliche und unangemessene Methoden angewandt haben.

1.1 Die ersten Friedenskonzepte

Die Friedensideen, die 1919 zur Gründung des Völkerbundes und 1945 zur Gründung der UNO führten, entstanden unter schwierigen Rahmenbedingungen und wurden niemals einer ernsthaften theoretischen Analyse unterzogen. Um die UNO und ihre Probleme am Ausgang des 20. Jahrhunderts zu verstehen, muß man zweifellos von den Schrecken des Krieges und dem durch ihn genährten Pazifismus ausgehen. Aber man muß zugleich die Schwäche der Friedenskonzepte erkennen, die daraus hervorgegangen sind. Erste Vorschläge zur Gestaltung der internationalen Staatengemeinschaft mit dem Ziel der Kriegsvermeidung entstanden zwischen dem 15. und dem 18. Jahrhundert. Das berühmte »Projet pour rendre la paix perpétuelle en Europe« des Abbé Saint-Pierre stammt aus dem Jahr 1713 und der philosophische Traktat »Zum ewigen Frieden« von Kant aus dem Jahr 1795. Im 19. Jahrhundert hingegen finden sie keine Nachfolger von gleichem Rang. Während Clausewitz zwischen 1820 und 1830 eine glänzende Abhandlung über den Krieg, die Methoden der Kriegführung und den Krieg als ein grundlegendes Instrument der Politik schreibt, wird keine einzige Zeile über mögliche Techniken der Friedensstiftung geschrieben. Zudem finden die Träume vom Frieden beim Volk wenig Anklang. Es gibt nur sehr wenige Menschen, die den Gedanken zu fassen wagen, daß die Kriege, die immer größere Zerstörungen anrichten und immer mehr Menschenleben fordern, in bestimmten Fällen vermieden werden könnten. Ehefrauen und Mütter verabscheuen den Krieg aus naheliegenden Gründen. Doch die Politik wird von Männern gemacht, die im Krieg ihren Mannesmut unter Beweis stellen können. Während sich die Heere bis dahin aus Soldaten zusammengesetzt hatten, die des Lesens und Schreibens unkundig waren, führten die Entstehung und der Überschwang nationalistischer Gefühle zu Heeren, die aus fanatischen Staatsbürgern bestanden. Der nationale Ruhm, die dem Feind entrissenen Fahnen, die »Genialität« der Generäle – eine ganze Mythologie umrankt die starken Gefühle, für die man furchtbare Leiden, Invalidität und Tod in Kauf nimmt.

Um die heutige Konstruktion der Weltorganisation zu verstehen, muß man bedenken, daß die Völker und ihre demokratisch gewählten Führer die Grundsätze der Außenpolitik, an die sich schon Fürsten und Könige gehalten hatten, nicht veränderten; daß auch reformerische und revolutionäre politische Theorien diese Grundsätze nicht in Frage stellten; daß es aber die Regierungen, insbesondere die der Großmächte, waren, die sich der Ideen zur Herstellung des Friedens bemächtigten, um unter diesem Vorwand die bestehende Ordnung zu bewahren und dem Wunsch ihrer kriegsmüden Völker vordergründig zu entsprechen; daß also die unter diesen Bedingungen entwickelten Instrumente zur Herstellung des Friedens nicht sonderlich brauchbar sein konnten.

1.2 Die Grundsätze der Außenpolitik

Ende des 19. Jahrhunderts glaubten die politischen Führer Europas – gleich ob es sich um Kaiser (wie Nikolaus II., Franz-Joseph, Wilhelm II.) oder um Personen aus dem Bürgertum handelte – wie ihre Vorgänger noch immer an die Macht der Geheimdiplomatie, hielten, wie Clausewitz, den Krieg für eine Fortsetzung der Politik mit anderen Mitteln, scherten sich nicht um das Selbstbestimmungsrecht der Völker und versuchten, möglichst große Gebiete unter ihre Hoheitsgewalt zu bringen (entweder durch Annexion von Regionen in Europa oder durch Eroberung von Kolonialreichen). Sie sprachen von »nationalem Interesse«, nationaler Souveränität und Staatsräson; die Außenpolitik sollte also nicht an ethische Regeln gebunden sein. Ihrer Ansicht nach war das Kräftegleichgewicht zwischen den Großmächten die einzige Garantie für den Frieden; die diplomatischen Strategien zielten dagegen darauf ab, das eigene Hoheitsgebiet so weit wie möglich auszudehnen, ohne allgemeine kriegerische Auseinandersetzungen zu provozieren. Für die Führer waren es Spiele, die ihrer Eitelkeit schmeichelten und ihre Geschicklichkeit auf die Probe stellten, und die Völker unterstützten die Pläne ihrer Regierungen. Sie waren bereit, für die »grandeur« Frankreichs, den Ruhm des Deutschen Reiches oder die »glory« des britischen Empires zu kämpfen und zu sterben. Der »Realismus« war die herrschende Philosophie. Jeder glaubte, er müsse sich gegen seine Feinde wehren und sie notfalls, wenn ihre Macht zu bedrohlich wurde, angreifen. Und die Feinde waren die Nachbarstaaten, die ihrerseits jederzeit die Grenze überschreiten konnten. Daß die Erde von Völkern besiedelt war, die potentielle Feinde darstellten, schien eine selbstverständliche Erfahrungstatsache zu sein. Die Erklärung dafür suchte man in der »menschlichen Natur«, die als aggressiv und von einer unersättlichen »Machtgier« erfüllt betrachtet wurde.

Daß eine so stark vereinfachende und den wahren Interessen der Völker so flagrant entgegenstehende Sichtweise unwidersprochen übernommen werden konnte, ist zweifellos ein erstaunliches soziologisches und politisches Phänomen. Das wahre Interesse der Völker aller europäischen Staaten war auf friedliche Zusammenarbeit gerichtet. Doch die Vorstellung, daß die europäischen Staaten zum selben Kulturkreis gehörten und daß sie durch ein politisches Gebilde zu einer Einheit zusammengefaßt werden könnten, blieb den meisten Menschen fremd. Der Realismus besaß eine so große Macht, daß selbst die Pazifisten seine Grundbegriffe nicht in Frage stellten. Im 18. Jahrhundert hatte nur Kant die Ansicht vertreten, daß der Friede Sache der Völker sei. Die übrigen Wegbereiter des Friedensgedankens hatten von einem ewigen Frieden zwischen den Herrschern gesprochen. Im 19. Jahrhundert dann wurden die nationalen Identitäten uneingeschränkt anerkannt, und die nationalen Souveränitäten wurden ebenso wie die nationalen Interessen und die nationale Ehre zu einer fraglos hingenommenen Selbstverständlichkeit.

1.3 Krieg und Frieden im politischen Denken des 19. Jahrhunderts

Kein politischer Denker bemühte sich damals, die tieferen Ursachen der Kriege zu erfassen. Alle großen Geistesströmungen, die vielfältige Themen mit großer intellektueller Schärfe durchdringen und die den Völkern Erklärungsansätze und neue Perspektiven zur Lösung politischer und sozialer Probleme unterbreiten, sind doch unfähig gewesen, sich ernsthaft mit den Problemen von Krieg und Frieden zu befassen. Das grundlegende historische Phänomen des 19. Jahrhunderts, die Entstehung und Verstärkung kollektiver Identitäten im Rahmen von Nationalstaaten, wird von den politischen Denkern überhaupt nicht wahrgenommen, geschweige denn analysiert. Der Marxismus, der auf eine grundlegende Umgestaltung der gesellschaftlichen Verhältnisse abzielt und der ein neues begriffliches Instrumentarium für die politische Analyse bereitstellt, begnügt sich seltsamerweise damit, das Phänomen zu leugnen oder doch zumindest seine Bedeutung durch die These herunterzuspielen, die kollektiven Klassenidentitäten könnten stärker sein als die nationalen Identitäten. Der Kampfruf: »Proletarier aller Länder vereinigt euch!« ist mehr ein frommer Wunsch denn eine analytische Feststellung. Und auch die leninistische Theorie des Imperialismus liefert kein begriffliches Instrument, das die Phänomene der Identitätsbildung diagnostizieren könnte, die zum Triumph der Nationalismen führten.

Der demokratische Sozialismus wiederum, dessen Spielarten in unterschiedlichem Maße vom Marxismus beeinflußt sind, nimmt den Nationalismus sehr rasch als etwas Selbstverständliches hin, ohne jedoch eine Erklärung dafür zu liefern; und der Versuch, den Nationalismus mit seiner eigenen Soziallehre in Einklang zu bringen, läßt eher auf geistige Trägheit als auf das Bemühen um Kohärenz schließen. Der Internationalismus bleibt bloßes Lippenbekenntnis. Jean Jaurès geht in seinem Buch *L'Armée nouvelle* (1910) sogar so weit, zu behaupten, »der Satz aus dem Manifest der kommunistischen Partei, der heißt: ›Die Arbeiter haben kein Vaterland‹, war nur ein überspitzter Scherz [...], den Marx selbst bald richtigstellte«. Letztlich hatten weder die Theoretiker noch die politischen Parteien noch die Völker eine kritische Einstellung gegenüber einer Außenpolitik, für die der Krieg ein zweckmäßiges Handlungsmittel war.

Die pazifistische Bewegung hat sich eigenständig entwickelt, und zwar in Gestalt von Denkzirkeln und Vereinigungen, in denen sich Intellektuelle, Professoren für Völkerrecht und einige aufgeschlossene Mitglieder des politischen *establishment* zusammenfanden. In der ersten Hälfte des 19. Jahrhunderts gründeten sich in London, Genf und Brüssel »Friedensgesellschaften«, und seit 1843 wurden internationale Kongresse abgehalten. Diese Bewegung entstand parallel zu zwischenstaatlichen Fachorganisationen wie dem 1868 gegründeten Internationalen Telegraphenverein oder dem 1878 gegründeten Weltpostverein und gab sich auch eine ähnliche Organisationsstruktur, bestehend aus einer Generalversammlung der Vertreter sämtlicher Mitgliedsstaaten, einem kleineren Exekutivrat und einem Sekretariat. Sie gewann nach 1890 – dem Jahr, in dem Bertha von Suttner ihren antimilitaristischen Roman *Die Waffen nieder!* veröffentlichte – an Schlagkraft. Die verstärkten Friedensbemühungen nahmen in der Phase wachsender Spannungen vor Ausbruch des Ersten Weltkriegs in den Haager Friedenskonferenzen konkrete Gestalt an.

Doch die Vorstellungen dieser intellektuellen Zirkel über die Entwicklung des Völkerrechts, über die sittlichen Grundsätze, die Kriege verbieten, über die internationale Schiedsgerichtsbarkeit, über die Abrüstung und schließlich über die Gründung eines Völkerbundes (Léon Bourgeois, *Pour la Société des Nations*, 1910; Leonard Woolf – der Gatte von Virginia Woolf –, *International Government*, 1916) basierten nicht auf einer ernsthaften Analyse des Problems. All diese Vorstellungen gingen weiterhin von einer uneingeschränkten nationalen Souveränität aus, ignorierten die kollektiven Identitätsbedürfnisse, aus denen der Natio-

Kasten I. Die institutionelle Vorbereitung des Völkerbunds

Die politische Abstimmung zwischen den Großmächten	*Die technische Zusammenarbeit*
1814–1815: Wiener Kongreß	
	1815: Internationale Konferenz über die Rheinschiffahrt
1815: Heilige Allianz	
1815–1823: Konzert der Großmächte 1818: Kongreß von Aix la Chapelle 1819: Karlsbader Kongreß 1820: Kongreß von Troppau 1821: Kongreß von Laibach 1822: Kongreß von Verona 1823: Französischer Spanienfeldzug	
	1853: Internationale Konferenz über Epidemien
	1856: Internationale Donaukonferenz
	1868: Internationaler Telegraphenverein
1871: Konferenz und Vertrag von London	
1878: Berliner Kongreß	1878: Weltpostverein
1884–1885: Berliner Konferenz	
	1890: Internationaler Eisenbahnverband

1816: Gründung der Peace Society in London

1830: Gründung der Société de la Paix in Genf

1843: Erster internationaler Friedenskongreß in London

1848: Pazifistischer Kongreß (über Schiedsgerichtsbarkeit und Abrüstung) in Brüssel

1867: Gründung der Internationalen Liga für Frieden und Freiheit in Genf, anwesend u. a. Victor Hugo und Garibaldi

1873: Gründung der International Law Association in London und des Institut de Droit International

1889: Interparlamentarische Union für die internationale Schiedsgerichtsbarkeit

1890: Bertha v. Suttners Roman »*Die Waffen nieder!*« erscheint

1891: Dritter Internationaler Friedenskongreß in Rom

Die politische Abstimmung zwischen den Großmächten	*Die technische Zusammenarbeit*
	1904: Internationale Gesundheitsbehörde
1906: Konferenz von Algeciras	
	1907: Internationales Hygieneamt

Die rechtlichen Grundlagen	*Die politischen Ideen*
	1894: Enzyklika Leos XIII.: »Der bewaffnete Friede kann nicht länger geduldet werden.«
	1894: Interparlamentarische Konferenz im Haag
	1896: Interparlamentarische Konferenz in Budapest
1897: Schiedsvertrag England–USA (nicht ratifiziert)	
1898: Schiedsvertrag zwischen Italien und Argentinien (nicht ratifiziert)	
1880–1900: Zahlreiche Handelsverträge mit Schiedsklauseln	
24.8.1898: Appell Zar Nikolaus' II. an die Großmächte	
11.6.1899: Zweiter Appell des Zaren	
18.5.–19.7.1899: Erste Haager Friedenskonferenz	
15.6.–18.10.1907: Zweite Haager Friedenskonferenz	
	1910: Léon Bourgeois veröffentlicht »*Pour la Société des Nations*«.
	1915: League to enforce peace (USA; Colonel House, Wilson) und League of Nations Society (London). Der Verein »La Paix par le Droit« (Paris) schlägt einen Kongreß der Nationen vor.
	1916: Die Liga für Menschenrechte unterstützt den Vorschlag
	1.8.1917: Friedensinitiative von Papst Benedikt XV.
	Sommer 1918: Léon Bourgeois gründet die »Association pour la Société des Nations«

nalismus seine Kraft zieht; unterzogen die Grundsätze, auf denen die Außenpolitik der jeweiligen Staaten beruhte, keiner radikalen Kritik; und entwarfen trotz der Illusionen, die sie hinsichtlich der »kollektiven Sicherheit« hegten, kein Sicherheitssystem, das jenes hätte ablösen können, das auf nationalen Heeren basierte.

Es handelte sich also nicht um eine theoretische Analyse, sondern um eine Zusammenstellung von Vorschlägen, die das bestehende System unangetastet ließen und keinerlei durchgreifende Wirkung versprachen. So überraschte es kaum, daß die Regierungen, insbesondere die der Großmächte, diese Vorschläge mühelos zur Stützung ihrer jeweiligen Politik benutzten, die keineswegs auf den Frieden zielte. Die Großmächte sahen sich im 19. und zu Beginn des 20. Jahrhunderts vor der Herausforderung, ihre Vorherrschaft zu erhalten und möglichst weiter auszubauen: sei es – in einer Periode des Gleichgewichts der Kräfte –, indem sie alle Mittel einsetzten, um zu verhindern, daß dieses Gleichgewicht gestört wurde, sei es – in der Folge internationaler Konflikte, die mit dem Sieg einer Koalition geendet hatten –, um die neu errichtete Ordnung zu bewahren. Dieses letzte Problem, das den Wiener Kongreß im Jahre 1815 beschäftigte, sollte sich 1919 und 1945 in ähnlicher Weise stellen. Doch zugleich mußte man, wenigstens zum Schein, den Wünschen der Völker entsprechen, die nach Kriegen stets besonders laut artikuliert wurden.

Das Gemenge von Motiven der Regierungen und von pazifistischen Rezepten führte schließlich zu einer Reihe recht unterschiedlicher Methoden der Friedensschaffung, die bei der Gründung der Weltorganisation 1919 und 1945 sämtlich zur Anwendung kamen. Diese Methoden sind:
– die Institutionalisierung der siegreichen Bündnisse und als direkte Folge davon: die Schaffung einer »kollektiven Sicherheit« und die Übernahme des Modells internationaler Fachorganisationen zur Gründung einer politischen Organisation;
– rhetorische Leerformeln, das heißt das offizielle Bekenntnis zu hehren moralischen Prinzipien, um die Öffentlichkeit zufriedenzustellen, bei gleichzeitigem Verzicht auf Maßnahmen, mit denen ihre Anwendung überprüft werden könnte;
– das Bemühen um eine Rüstungsbegrenzung, das man als »Abrüstung« ausgibt;
– der Einsatz der Schiedsgerichtsbarkeit;
– die Entwicklung von Beziehungsgeflechten zwischen den Staaten im

wirtschaftlichen, sozialen und kulturellen Bereich; nach 1943 wurde dieser Friedensfaktor unter dem Namen »Funktionalismus« zu einer eigenen Theorie ausgebaut.

Diese Prinzipien lagen dem Aufbau der Weltorganisation, wie sie heute existiert, zwischen 1895 und 1945 zugrunde. Wir müssen ihre Ineffektivität nicht beweisen; die Geschichte selbst hat dies getan. Aber die Beschreibung ihrer Anwendungsweisen ermöglicht ein besseres Verständnis der Gründe, aus denen sie trotz ihres fortgesetzten Versagens beibehalten und bis in unsere Tage niemals ernsthaft in Frage gestellt wurde.

1.4 Die Haager Friedenskonferenzen

Am 24. August 1898 richtete Zar Nikolaus II. einen Appell an alle in St. Petersburg akkreditierten Nationen, in dem er internationale Verhandlungen zur »Aufrechterhaltung des allgemeinen Friedens und zur Beschränkung der übersteigerten Rüstung, die für alle Nationen eine Last bedeutet«, vorschlug. Dahinter stand zunächst der Protest des russischen Finanzministers De Witte, der sich angesichts der prekären Lage des russischen Staatshaushalts gegen Begehrlichkeiten des Kriegsministers gewandt hatte, und dann die außenpolitische Überlegung, daß mehrseitige Abrüstungsverhandlungen günstiger seien als das direkte Ansinnen an den Rüstungsgegner Österreich, auf den Ausbau seiner Artillerie zu verzichten.

Die Konferenzen von Den Haag brachten jedoch trotz der idealistischen Hoffnungen und des Enthusiasmus einiger Teilnehmer keinerlei substantielle Ergebnisse – charakteristisch für die Einstellung der Großmächte war wohl eher die Meinung des britischen Delegationsmitglieds Admiral John Fischer: »Je schlagkräftiger die britische Flotte ist, desto besser wird der Weltfriede gewahrt.«

Die erste Konferenz von 1899 entging einem vollständigen Scheitern nur deshalb, weil man nachträglich einige Punkte auf die Tagesordnung setzte, bei denen man sich immerhin auf – wenn auch dürftige – Absichtserklärungen einigen konnte: Eine Resolution bezeichnete die Verringerung der Rüstungsausgaben als wünschenswert, man einigte sich auf zwei Vertragsentwürfe über die Regeln des Landkriegs und über die Ausdehnung der Genfer Konvention von 1864 auf den Seekrieg, und man schuf einen Ständigen Schiedsgerichtshof zur Beilegung internationaler Streitigkeiten, der zwischen 1902 und 1908 ganze dreimal tätig wurde, zwischen 1908 und 1914 dann weitere zehnmal.

Vor allem bestätigte die Konferenz jedoch feierlich die realpolitischen und nationalistischen Grundlagen der europäischen Außenpolitik: »vitale Interessen«, »nationale Ehre«, absolute Souveränität und den Einsatz des Krieges als letztes Mittel.

Das totale Scheitern der zweiten Friedenskonferenz, die 1907 auf Initiative der Vereinigten Staaten einberufen wurde, zeigte unmißverständlich, daß die Grundgedanken, die die Außenpolitik aller Staaten beherrschten, Maßnahmen zugunsten einer Institutionalisierung des Friedens nicht erleichterten. Wie schon Graf Sohm, der deutsche Gesandte auf dem Dritten Weltkongreß der Interparlamentarischen Union in Rom gesagt hatte, waren die Aktivitäten der Pazifisten »lediglich ein Versuch, die Saat von Gedanken zu verbreiten, die die ganze Welt mit Ausnahme der Betroffenen als utopisch ansieht«. Zwischen den beiden Konferenzen galt die Aufmerksamkeit der Regierungen in erster Linie dem Buren-Krieg in Südafrika, den Großbritannien 1902 für sich entschied, dem russisch-japanischen Krieg zwischen 1904 und 1906, der mit der Angliederung der Südmandschurei und Koreas an Japan endete, der deutsch-französischen Rivalität in Marokko, die auch durch die Konferenz von Algeciras im Jahre 1906 nicht beigelegt wurde, dem Boxer-Aufstand in China, der anhaltenden Expansionspolitik Frankreichs in Schwarzafrika, der Unterzeichnung einiger Geheimabkommen und der Fortsetzung des Wettrüstens. Die Tatsache, daß an der Konferenz von 1907 die meisten Staaten der Erde, große wie kleine, teilnahmen (44 gegenüber 26 im Jahre 1899), zeigt, daß zwar der Umfang, nicht aber die Effektivität der internationalen Verflechtung vergrößert worden war.

1.5 Die Entstehung des Völkerbunds

Als man 1919 einen allgemeinen und dauerhaften Frieden verwirklichen wollte, stieß der Gedanke, dies durch Institutionalisierung zu erreichen, noch immer nicht auf große Resonanz. Doch die politischen Rahmenbedingungen hatten sich vollständig gewandelt, so daß es möglich wurde, sämtliche Friedensrezepte in die Tat umzusetzen. Die Öffentlichkeit wünschte sich sehnlichst, nie mehr einen Krieg zu erleben, und man mußte sie in dem Glauben wiegen, daß dies möglich sei. Zudem wollten die Regierungen der europäischen Alliierten Garantien für die künftige Sicherheit ihrer Staaten erreichen. Allerdings waren die Vorstellungen über solche Garantien recht unterschiedlich, teilweise sogar gegenläufig, wie im Falle der Regierungschefs von Frankreich und Großbritannien. Clemenceau und Lloyd George, hatten aufgrund ihrer nationalen Traditionen entgegengesetzte Vorstellungen von der künftigen europäischen und der Weltordnung. Während der französische Premierminister nur an die Entwaffnung Deutschlands, die Sicherheit der Ostgrenze und an Reparationen dachte, ging es dem britischen Premierminister vor allem um eine starke britische Flotte und das europäische Machtgleichgewicht.

Der damalige US-Präsident Wilson hatte wieder andere Vorstellungen, und aufgrund des zunehmenden Gewichts der USA im Konzert der Nationen sowie der entscheidenden Rolle, die die USA beim Sieg der Alliierten gespielt hatten, mußte man diese Vorstellungen berücksichtigen. Das Resultat war bekanntlich ein unheilvolles Gemisch, aus dem der Versailler Vertrag und die darin enthaltene Völkerbundsatzung hervorgingen. Sowohl der Realismus der Europäer, der in dem Vertrag zum Ausdruck kam, als auch der Idealismus Wilsons, der in der Satzung seinen Niederschlag fand, gelten heute als überholt. Doch damit tut man Wilson ein wenig Unrecht. Der US-Präsident, der von dem britischen Wirtschaftswissenschaftler John M. Keynes in *Die wirtschaftlichen Folgen des Friedensvertrages* als ein »nonkonformistischer Pfarrer, vielleicht ein Presbyterianer« beschrieben wurde, »der in seinem Denken und seinem Temperament eher einem Theologen als einem Intellektuellen glich«, hatte in seinen »Vierzehn Punkten« in der Tat eine grundlegende Kritik an den damals üblichen außenpolitischen Zielen und Methoden der Staaten geübt. Das verdient mehr als bloße Geringschätzung. Es war das erste Mal, daß die Grundsätze der Dynasten, die bis dahin wie selbstverständlich von den demokratisch gewählten Machthabern aus der Bürgerschicht übernommen worden waren, in Frage gestellt wurden.

Punkt 1 verurteilte unnachsichtig jegliche Geheimdiplomatie (»*no private international understanding of any kind*«), Punkt 4 forderte eine Verminderung der nationalen Rüstungen »auf den niedrigsten Stand, der mit der Aufrechterhaltung der inneren Ordnung vereinbar ist«, Punkt 5 behandelte (wenn auch ein wenig verworren) das Selbstbestimmungsrecht der Völker, Punkt 14, der sich auf den »allgemeinen Verband der Staaten« bezieht, formuliert als dessen Ziel, »sowohl den großen als auch den kleinen Staaten wechselseitige Garantien für die politische Unabhängigkeit und Unverletzlichkeit der Grenzen zu geben«. Damit wurden erstmals Grundsätze einer zivilisierten Staatengemeinschaft formuliert. Doch die grundlegende Kritik von Wilson überzeugte niemanden, insbesondere nicht seine französischen und englischen Verbündeten auf der Friedenskonferenz.

Die Annahme der Völkerbundsatzung im Jahre 1919, die Colonel House, der persönliche Referent von Wilson, zusammen mit dem südafrikanischen General Smuts, dem Engländer Robert Cecil und dem Franzosen Léon Bourgeois ausgearbeitet hatte, war mehr ein Zugeständnis an Ideen, die man für utopisch hielt, als eine ernsthafte Zustimmung zu einer neuen Auffassung von den Beziehungen zwischen den Völkern. Aus dem ersten Wilsonschen Punkt, der jegliche Geheimdiplomatie verurteilt, wird in der Satzungsbegründung die Formulierung: »in aller Öffentlichkeit auf Gerechtigkeit und Ehre gegründete zwischenstaatliche Beziehungen unterhalten«; und die Formulierung über die Verringerung der Rüstungen: »der niedrigste Stand, der mit der Aufrechterhaltung der inneren Ordnung vereinbar ist« (Punkt 4) wird in Artikel 8 der Satzung ersetzt durch »das Mindestmaß, das mit der nationalen Sicherheit und mit der Erzwingung internationaler Verpflichtungen durch gemeinschaftliches Vorgehen vereinbar ist«, was genau das Gegenteil bedeutet...

Schließlich hat die Satzung, wie Kasten II zeigt, den überkommenen Realismus mit recht unrealistischen Vorstellungen über die Art und Weise kombiniert, in der man die Bündnisse dauerhaft gestalten und ihnen größere Effizienz verleihen könne. Es handelt sich in jeder Hinsicht um einen Bündnisvertrag zwischen Siegermächten, die die von ihnen geschaffene Ordnung bewahren möchten. Das Hauptmittel aber, das zu diesem Zweck vorgeschlagen wird, ist die kollektive Sicherheit, die das quasi automatische Einschreiten aller Mitglieder gegen einen etwaigen Angreifer vorsieht. Das ist eine kühne Wette auf die Dauer des Bündnisses und auf die Bereitschaft aller Staaten, ihre Definition des nationalen Interesses stark zu erweitern und das Leben ihrer Soldaten für Angelegenheiten zu riskieren, die sie nicht direkt betreffen. Die Struktur der neuen Organisation entspricht dem Modell der Fachorganisationen (Vollversammlung, Rat, Sekretariat), bei denen allerdings Einvernehmen über die von ihnen verfolgten, begrenzten Ziele besteht, was bei einer politischen Organisation offenkundig nicht der Fall ist. Die Verminderung der Rüstungen wird zwar erwähnt, aber es ist kein Verfahren vorgesehen, das eine wechselseitige Kontrolle erlaubte. Schließlich

Kasten II. Die Friedensrezepte und ihre Aufnahme in die Satzung des Völkerbunds

❑ *Institutionalisierung der Bündnisse der Siegermächte.* – Vorrang der Großmächte: Die Vertreter der alliierten und assoziierten Hauptmächte sind Ständige Mitglieder des Völkerbundrats (Artikel 4).

❑ *Übernahme des Modells der Fachorganisationen.* – Eine Bundesversammlung, ein Rat und ein ständiges Sekretariat (Artikel 2).

❑ *Kollektive Sicherheit.* – Die Einleitung kriegerischer Maßnahmen durch ein Bundesmitglied wird als eine gegen alle anderen Mitglieder gerichtete Kriegshandlung angesehen; sofortiger Abbruch sämtlicher Beziehungen; Aufstellung von Streitkräften, um den Bundesverpflichtungen Achtung zu verschaffen (Artikel 10, 11, 16 und 17).

❑ *Aufteilung der Einflußgebiete unter den Siegermächten.* – Die Monroe-Doktrin ist mit der Völkerbundsatzung nicht unvereinbar (Artikel 21). Organisation der Mandate, d. h. Aufteilung der Gebiete, die nicht länger der Hoheitsgewalt der besiegten Staaten unterliegen (Artikel 22 und 23).

❑ *Rhetorische Leerformeln.* – In aller Öffentlichkeit auf Gerechtigkeit und Ehre gründende internationale Beziehungen unterhalten; Achtung der Normen des Völkerrechts (Präambel).

❑ *Abrüstung.* – Herabsetzung der nationalen Rüstungen auf das Mindestmaß, das mit der nationalen Sicherheit vereinbar ist; Austausch sämtlicher Informationen über den Stand der Rüstung und Rüstungsprogramme (Artikel 8).

❑ *Friedliche Streiterledigung.* – Alle Streitigkeiten zwischen Mitgliedern des Völkerbunds müssen der Schiedsgerichtsbarkeit, einer gerichtlichen Regelung oder dem Völkerbundrat unterbreitet werden (Artikel 12 und 13, und Ständiger Internationaler Gerichtshof, Artikel 14).

❑ *Förderung der zwischenstaatlichen Beziehungen in anderen Bereichen.* – Erwähnt wird nur die Zusammenarbeit der nationalen Organisationen des Roten Kreuzes im Gesundheitsbereich (Artikel 25).

werden den Siegermächten systematisch bestimmte Einflußgebiete zugestanden (durch das Mandatssystem – Artikel 22 und 23 – und die Erwähnung der Monroe-Doktrin in Artikel 21, die Lateinamerika zur ausschließlichen Einflußsphäre der Vereinigten Staaten erklärt), was auf eine Mißachtung des Selbstbestimmungsrechts der Völker hinausläuft.

Kasten III. Erfolge und Mißerfolge des Völkerbunds im Bereich der kollektiven Sicherheit

❑ 1920. *Åland-Inseln (Schweden – Finnland).* – Schweden erhebt Anspruch auf die Inseln, die zwar zu Finnland gehören, deren Bewohner jedoch schwedischer Abkunft sind. Eine Kommission des Völkerbundes unterbreitet einen Lösungsvorschlag, der von beiden Seiten im Juni 1921 angenommen wird. *Erfolg.*

❑ 1920. *Wilna-Frage (Streitigkeit zwischen Polen und Litauen).* – Am 8. Oktober 1920 besetzen polnische Truppen Wilna. Der Völkerbundrat findet keine Lösung. Im März 1922 wird das Gebiet von Polen annektiert. *Mißerfolg.*

❑ 1921. *Oberschlesien (Deutschland – Polen).* – Der Schiedsspruch des Völkerbundrats beendet eine dreijährige Phase von Unruhen. Im März 1921 wird eine Volksabstimmung abgehalten. Annahme eines im September 1921 erarbeiteten Teilungsplans. Im Mai 1922 Unterzeichnung eines Abkommens. *Erfolg.*

❑ 1923. *Streit um Korfu (Italien – Griechenland).* – Italien besetzt Korfu. Griechenland verlangt den Abzug der Truppen und eine Entschädigung. Mussolini fordert seinerseits Entschädigungszahlungen als Vorbedingung für einen italienischen Truppenabzug. Die Griechen müssen sich beugen. Erfolglose Intervention des Völkerbunds. *Mißerfolg.*

❑ 1925. *Griechisch-bulgarischer Konflikt.* – Der Völkerbundrat erreicht binnen vier Tagen die Einstellung der Feindseligkeiten. *Erfolg.*

❑ 1920–1928. *Dem Völkerbundrat werden zahlreiche Grenzstreitigkeiten und Streitsachen über den Minderheitenschutz unterbreitet.* – In mehreren Fällen gelingt es dem Völkerbund, ein Einverständnis der Parteien zu erreichen und sich abzeichnende Konflikte zu vermeiden. *Erfolg.*

❑ 1928. *Chaco-Konflikt (Bolivien – Paraguay).* – Der Vermittlungsversuch des Völkerbundes ist begrenzt erfolgreich, doch die Streitigkeit wird durch die Panamerikanische Konferenz beigelegt. *Teilerfolg.*

❑ 1931. *Mandschurei-Konflikt (Japan – China).* – Zwischen September 1931 und Januar 1932 greifen die Japaner die Mandschurei an, die sie anschließend besetzen und zum Staat Mandschukuo proklamieren (März 1932). Im Januar 1932 entsendet der Völkerbundrat auf Ersuchen Japans eine Untersuchungskommission, die im Oktober 1932 einen Bericht vorlegt. Die Leitlinien dieses Berichtes werden am 24. Februar 1933 von der Völkerbundversammlung gebilligt. Am 27. März erklärt Japan seinen Austritt aus dem Völkerbund. *Mißerfolg.*

❑ 1932–1934. *Konflikt um den Leticia-Zipfel (Kolumbien – Peru).* – Der Völkerbund legt die Streitigkeit zwischen den beiden Staaten bei. *Erfolg.*

❑ 1934–1935. *Spannungen zwischen Ungarn und Jugoslawien.* – Der Völkerbund entschärft die Spannungen zwischen den beiden Staaten, die auf die Ermordung von Alexander I. von Jugoslawien folgten. *Erfolg.*

❑ 1932–1933. *Abrüstungskonferenz.* – Der zwischen 1925 und 1930 erarbeitete Vertragsentwurf wird verworfen. Mehrere Entwürfe der Großmächte scheitern am Widerstand Deutschlands und Frankreichs. MacDonald-Plan, dann Plan eines Vierer-Paktes. Am 14. Oktober 1933 erklärt das Deutsche Reich seinen Austritt aus der Konferenz und dem Völkerbund. *Mißerfolg.*

❑ 1935–1936. *Äthiopien-Konflikt.* – Am 5. Dezember 1934 Ausbruch von Kampfhandlungen zwischen italienischen und äthiopischen Truppen wegen Gebietsstreitigkeiten. Am 3. Januar 1935 ruft der äthiopische Kaiser den Völkerbund an; am 3. Oktober 1935 erklärt Mussolini Äthiopien den Krieg. Im Oktober verhängt der Völkerbund Sanktionen gegen Italien. Am 5. Mai 1936 wird Äthiopien von Italien annektiert. Völlige Wirkungslosigkeit der Sanktionen. Die italienische Souveränität über Äthiopien wird 1938 anerkannt. *Mißerfolg.*

❑ März 1938. *Anschluß Österreichs an das Deutsche Reich.* – Der Völkerbund reagiert nicht. *Mißerfolg.*

❑ September 1938. *Sudeten-Krise (Deutschland – Tschechoslowakei).* – Münchner Abkommen zwischen Frankreich, Großbritannien, dem Deutschen Reich und Italien. Generalsekretär Avenol wirft die Gegner des Münchner Abkommens aus dem Sekretariat. Die Mehrheit der Mitgliedsstaaten erklärt, daß sie sich nicht an Art. 16 der Völkerbundsatzung gebunden fühlen. *Mißerfolg.*

❑ März 1939. *Besetzung der Tschechoslowakei durch die deutsche Wehrmacht.* April 1939. *Besetzung Albaniens durch Italien.* 1. September 1939. *Einmarsch deutscher Truppen in Polen. Mißerfolge.*

Die Institution, die auf der Grundlage der Völkerbundsatzung errichtet wurde, bestand aus einem Rat (1930 5 ständige und 5 nichtständige Mitglieder), einer Bundesversammlung (54 Mitglieder und 6 Kommissionen) und einer großen Zahl zwischenstaatlicher und Fachausschüsse. Sie befaßte sich mit den unterschiedlichsten Problemen (Abrüstung, Nachrichtenwesen, Hygiene, geistige Zusammenarbeit, wirtschaftliche und Finanzfragen, Mandate usw. Ein Großteil dieser Aufgaben wurde später auf Sonderorganisationen innerhalb des »UNO-Systems« übertragen). Die Zahl der Bediensteten war äußerst gering: 670 Personen, darunter 102 »Sektionsmitglieder« (das entspricht den Administratoren der UNO).

Kasten IV. Ein zügig beigelegter Streit.

Die Schlichtung des Zwischenfalls an der griechisch-bulgarischen Grenze im Jahre 1925

22. Oktober 1925: Grenzzwischenfall; Schußwechsel, der mehrere Opfer fordert; griechische Truppen besetzen bulgarisches Hoheitsgebiet.

23. Oktober: Die griechische Regierung gibt ihren Truppen den Befehl, am 24. Oktober, um 8 Uhr früh, Pietrich anzugreifen. Die bulgarische Regierung schickt ein Telegramm an den Generalsekretär des Völkerbundes, in dem sie sich auf Artikel 11 Abs. 1 der Völkerbundsatzung beruft.

Eine Stunde später verschickt Aristide Briand, der amtierende Vorsitzende des Völkerbundrates, ein Telegramm mit folgendem Wortlaut: »Der Generalsekretär hat auf der Grundlage von Art. 11 den Völkerbundrat für kommenden Montag nach Paris zu einer Sondersitzung einberufen. Im Verlauf dieser Versammlung wird der Rat mit den Vertretern Griechenlands und Bulgariens die Streitfrage umfassend prüfen. Inzwischen ist es sicherlich auch im Sinne meiner Kollegen, wenn ich die beiden Regierungen an die Pflichten erinnere, die ihnen als Mitglieder des Völkerbundes obliegen, an ihre feierliche Verpflichtung aus Art. 12, keine kriegerischen Maßnahmen einzuleiten, und an die schwerwiegenden Folgen, die die Völkerbundsatzung im Falle von Zuwiderhandlungen vorsieht. Ich fordere daher die beiden Regierungen auf, unverzüglich die erforderlichen Anweisungen zu erteilen, damit während der Prüfung ihrer Streitsache durch den Rat keine weitere militärische Aktion durchgeführt wird und die Truppen jedes Staates sich sofort hinter ihre jeweiligen Grenzen zurückziehen.«

25. Oktober: Der Rat billigt das Vorgehen seines Vorsitzenden, weigert sich, die Streitsache eingehend zu prüfen und »fordert die Vertreter der beiden Staaten auf, dem Rat binnen 24 Stunden mitzuteilen, daß die Regierungen Bulgariens und Griechenlands ihren Truppen bedingungslos befohlen haben, sich hinter die jeweiligen Staatsgrenzen zurückzuziehen und binnen 60 Stunden, daß ... sämtliche Feindseligkeiten eingestellt und alle Truppen davon in Kenntnis gesetzt wurden, daß eine Wiederaufnahme der Feindseligkeiten strenge Sanktionen zur Folge hätte«. Der Rat »bittet die Regierungen Frankreichs, Großbritanniens und Italiens, Offizieren, die sich in der Nähe befinden, zu befehlen, sich unverzüglich in die Region zu begeben, in der der Konflikt ausgebrochen ist, und den Rat direkt zu unterrichten, sobald sich die Truppen der beiden Staaten zurückgezogen haben«.

28. Oktober, 20 Uhr. Die an den Krisenherd entsandten Militärattachés Großbritanniens, Frankreichs und Italiens bestätigen, daß die beiden Parteien die Beschlüsse des Rates angenommen haben und daß der Rückzug der griechischen Truppen, der am 27. Oktober, um 12 Uhr mittags, begonnen hat, »morgen, am 29. Oktober, um 8 Uhr früh, mit dem endgültigen Ablauf des Ultimatums, beendet sein wird«.

1.6 Mißerfolge und Auflösung des Völkerbunds

Die famose Institution des Völkerbunds ist bekanntlich bald wieder zerfallen. Nach einer Phase der Illusionen, die kaum zehn Jahre währte, begann eine Periode der Mißerfolge. Kasten III führt die erfolgreichen und die gescheiterten Friedensbemühungen des Völkerbunds auf. Man sieht sofort, daß sich die Erfolge auf Streitfälle von untergeordneter Bedeutung zwischen kleinen Staaten beschränken und ausnahmslos in die Zeit vor 1935 fielen. In den dreißiger Jahren scheiterten sämtliche Friedensbemühungen bei Konflikten, an denen Großmächte beteiligt waren: Die Besetzung der Mandschurei durch Japan im Jahre 1931; die Eroberung Äthiopiens durch Italien im Jahre 1935; die Besetzung Österreichs, der Tschechoslowakei und Polens durch das Deutsche Reich, das zuvor mehrere Bestimmungen des Versailler Vertrags für nichtig erklärt hatte, im Jahre 1938; der Einmarsch Italiens in Albanien im April 1939. Parallel dazu scheiterten die Abrüstungsgespräche. Der Zweite Weltkrieg bedeutete das endgültige Versagen. Dies zeigte zweifelsfrei, daß das Bündnis zwischen den Großmächten nicht von Dauer sein konnte; daß das System der kollektiven Sicherheit nicht funktionierte, sobald es um Konflikte zwischen den Großmächten ging; daß sich der Internationale Gerichtshof nicht mit politischen Streitigkeiten befassen konnte; daß die wirtschaftliche und soziale Zusammenarbeit, so wie sie praktiziert worden war, nicht genügte, um ein Klima des Friedens zu schaffen.

1.7 Die Mißachtung der Lehren bei der Gründung der UNO

Als sich dann jedoch zwischen 1942 und 1945 die UNO und ihr System konstituierten, errichteten die Verfasser der UN-Charta gleichsam »einen Völkerbund unter anderem Namen«. Zudem konzipierten sie in enger Anlehnung an das damals vorherrschende »funktionalistische« Denken ein stark dezentralisiertes Gefüge von Weltorganisationen. Um die Eigenart der heute, am Ende des 20. Jahrhunderts, bestehenden Weltorganisationen zu verstehen, müssen wir nacheinander die Konzepte über die Sicherheit und über den langfristigen Aufbau einer friedlichen und integrierten Staatengemeinschaft betrachten.

Konzepte für die internationale Sicherheit und die Bewahrung des Friedens

Die Gründungsväter der UNO zogen aus den Mißerfolgen des Völkerbundes den Schluß, das System der kollektiven Sicherheit habe deshalb nicht richtig funktioniert, weil die Artikel der Völkerbundsatzung keine ausdrückliche Verpflichtung für alle Mitgliedsstaaten begründeten, sich an der Abwehr einer Angriffshandlung zu beteiligen, und weil der Völkerbund keine »Zähne« (*no teeth*) besessen habe, das heißt keine Streitkräfte, mit denen er direkt intervenieren und damit glaubwürdige Pressionen ausüben konnte. In zweiter Linie schien ihnen auch das Erfordernis der Einstimmigkeit innerhalb des Völkerbundrates kritikwürdig zu sein, so daß sie die Befugnis zu politischen Schiedsverfahren zur Gänze auf die Großmächte übertragen wollten. Daraus ergaben sich die Sonderbefugnisse, die einem Sicherheitsrat aus elf Mitgliedern übertragen wurden, wobei die fünf ständigen Mitglieder über ein Vetorecht verfügen, und die Bestimmungen der Art. 41 und 42 der UN-Charta über wirtschaftliche und militärische Sanktionen, die Bestimmungen des Art. 43 über »Sonderabkommen«, kraft deren die Mitgliedsstaaten dem Sicherheitsrat »Streitkräfte zur Verfügung stellen, Beistand leisten und Erleichterungen gewähren [...], soweit dies für die Wahrung des Weltfriedens erforderlich ist«, sowie die Einrichtung eines Generalstabsausschusses gemäß Art. 47, dem die Generalstabschefs der fünf ständigen Mitglieder angehören. Anders gesagt: Statt die Mißerfolge des Völkerbunds einer politischen Analyse zu unterziehen, begnügte man sich mit einer rechtlichen Kritik am Wortlaut und den Verfahren der Völkerbundsatzung und bemühte sich, die UN-Charta sprachlich konziser zu fassen und sie stärker auf die Großmächte auszurichten.

Konzepte für den langfristigen Aufbau einer friedlichen und integrierten Staatengemeinschaft

Die Gründung unabhängiger UN-Organisationen folgte einem »funktionalistischen« Konzept. Der Funktionalismus ist insofern ein bedeutender theoretischer Ansatz, als er uns grundlegende Einsichten über das Wesen von Krieg und Frieden und über die Möglichkeit, durch die Errichtung einer internationalen »Zivilgesellschaft« eine globale Identität hervorzubringen, vermittelt. Als Begründer der funktionalistischen Lehre gilt der britische Professor David Mitrany, der 1943 in einem schmalen Buch mit dem Titel *A Working Peace System* dargelegt hatte, daß die problemorientierte Zusammenarbeit der Staaten in »funktionellen Organisationen«, wo sie Bande der politischen Kooperation knüpften, »das friedliche Wachstum der internationalen Gesellschaft« ermögliche: Die Zusammenarbeit von Bildungs-, Gesundheits-, Landwirtschaftsexperten usw. schaffe eine grenzübergreifende, weltweite Atmosphäre der Eintracht, die gewissermaßen eine universelle Identität der Führungsschichten herbeiführe.

Diese Vorstellungen brachten Roosevelt zu der Auffassung, daß die zu gründenden Sonderorganisationen so weit wie möglich von New York entfernt sein sollten, um eine Politisierung der fachlichen Diskussionen zwischen Experten zu verhindern. So erklärt sich die Verteilung der Organisationen auf Genf, London, Paris, Rom, Washington und andere Standorte. Diese Organisationen sollten schließlich keine großen Gemeinschaftsprogramme verwirklichen: Der 1945 auf internationaler Ebene verwirklichte Funktionalismus läßt sich in keiner Weise mit dem Funktionalismus vergleichen, der einige Jahre später im Rahmen der europäischen Integration zum Zuge kam und sich in der Gründung der Montanunion, von Euratom und der Europäischen Gemeinschaften niederschlug. Es ging mehr um Diskussionen, Dokumente und vielfältige Kleinprogramme, ohne daß gemeinsame Zielsetzungen von einer gewissen Verbindlichkeit aufgestellt worden wären. Zudem hatten andere Wissenschaftler zur gleichen Zeit wie Mitrany vorgeschlagen, den in Bretton Woods geschaffenen Finanzinstitutionen einen Sonderstatus einzuräumen (wobei sie sich über den ansonsten üblichen Grundsatz hinwegsetzten, jedem Land in den Entscheidungsgremien eine Stimme zu gewähren: Das Gewicht der Stimme jedes Staates hing von der Höhe der Beitragszahlungen ab, was die uneingeschränkte Vorherrschaft der Großmächte sicherstellte) und sie gleichzeitig sehr viel großzügiger mit

Finanzmitteln auszustatten als die übrigen UN-Organisationen. Der Beschluß, Weltbank und Internationalen Währungsfonds in Washington anzusiedeln, rundete diese Maßnahmen ab.

Letztlich bewirkte die 1943–45 verwirklichte Version des Funktionalismus mit ihrer Trennung von Bretton-Woods-Institutionen vom übrigen System, daß die politische Organisation, konkret: die UNO, über keinerlei ernstzunehmende Handlungsmittel im wirtschaftlichen Bereich verfügt. Ungeachtet der ehrgeizigen Formulierungen in der UN-Charta und der Errichtung eines Wirtschafts- und Sozialrates wurden die Sicherheitsfragen dadurch sowohl auf konzeptioneller wie auf praktischer Ebene von ihrem wirtschaftlichen und sozialen Kontext getrennt.

1.8 Schlußfolgerungen

Es ist auf den ersten Blick völlig unverständlich, daß sich hochintelligente und sachkundige Staatsmänner mit einer solchen Bestandsaufnahme begnügten. Diese unzureichende analytische Durchdringung hat jedoch vielfältige Ursachen.

❑ Zunächst einmal muß man sich vor Augen führen, daß die Jahre 1943–1945, in denen die UN-Charta und die Struktur des Systems der UN-Organisationen konzipiert wurden, die letzten Jahre des Zweiten Weltkriegs waren. Die Chefs der amerikanischen, britischen und sowjetischen Regierung hatten andere Sorgen als den Aufbau der UNO und ihrer Sonderorganisationen: die Kriegführung als solche, die Festlegung der Einflußgebiete nach dem Sieg, den Status der Besiegten. Das Nachdenken über die Grundlinien einer künftigen Weltorganisation überließ man wohlmeinenden Mitarbeitern, bei denen es sich häufiger um phantasielose Juristen und Beamte als um einfallsreiche Historiker oder politische Soziologen handelte. Zudem intensivierten die Alliierten zur gleichen Zeit ihre Kontakte auf höchster Ebene: angefangen von Teheran (1943) über Jalta (Februar 1945) bis zu Potsdam (August 1945). Trotz der Härte der Verhandlungen spielte die »persönliche Chemie« zwischen den Staatsmännern eine wichtige Rolle. Die Vorstellung, daß die Großmächte ein gemeinsames Interesse daran hätten, die Ordnung zu bewahren, die sie in dieser Zeit gemeinsam herstellten, setzte sich um so leichter durch, als man die Mißerfolge des Völkerbundes zwischen 1930 und 1939 dem Faschismus, dem Nazismus und dem Militarismus

Kasten V. Die Generalsekretäre und die Charta der UNO

Die Generalsekretäre

Trygve Lie (1896–1968): Norweger; vormals Wirtschaftsminister; 1946 gewählt; am 10. November 1952 zurückgetreten. – *Dag Hammarskjöld* (1905–1961): Schwede; Wirtschaftswissenschaftler, Leiter der schwedischen Delegation bei der zweiten Sitzungsperiode der UN-Generalversammlung; im April 1953 gewählt; kam am 17. September 1961 bei einem Flugzeugabsturz im Kongo ums Leben. – *U Thant* (1909–1974): Birmane; UNO-Botschafter seines Landes; von 1961 bis 1971 im Amt. – *Kurt Waldheim* (geboren 1918): Österreicher; UNO-Botschafter seines Landes; von 1971 bis 1981 im Amt. – *Javier Pérez de Cuellar* (geboren 1920): Peruaner; UNO-Botschafter seines Landes; von 1982 bis 1991 im Amt. – *Boutros Boutros-Ghali* (geboren 1922): Ägypter; Professor für Völkerrecht und ehemaliger Außenminister; amtiert seit 1992.

Die UN-Charta

Verabschiedung am 26. Juni 1945 in San Francisco. Sie besteht aus einer Präambel und 19 Kapiteln mit 111 Artikeln. Die Präambel, die in feierlichem Ton die übergeordneten Ziele der Vereinten Nationen beschreibt, beginnt mit den Worten: »Wir, die Völker...«, obwohl es sich um eine zwischen*staatliche* Organisation handelt.

In Kapitel I werden weitere Ziele und Grundsätze aufgezählt. Art. 2 Ziffer 7 stellt klar, daß die UNO nicht befugt ist, »sich in Angelegenheiten, die ihrem Wesen nach zur inneren Zuständigkeit eines Staates gehören, einzugreifen«. Art. 7 Abs. 1 in Kapitel III führt die »Hauptorgane« der UNO auf: die Generalversammlung (die dann in Kapitel IV der Charta beschrieben wird), der Sicherheitsrat (Kapitel V), der Wirtschafts- und Sozialrat (ECOSOC, Kapitel X), der Treuhandrat (Kapitel XIII, Art. 86 bis 91), der Internationale Gerichtshof (Kapitel XIV), das Sekretariat (Kapitel XV).

Das Kernstück der Charta bildet Kapitel VII (Maßnahmen bei Bedrohung oder Bruch des Friedens und bei Angriffshandlungen), flankiert von den Kapiteln VI (über die friedliche Beilegung von Streitigkeiten) und VIII (über regionale Abmachungen). Wie die Völkerbundsatzung basiert auch die UN-Charta im wesentlichen auf einem Militärbündnis, das die »kollektive Sicherheit« gewährleisten soll. Der Sicherheitsrat (der ursprünglich aus 11 Mitgliedern bestand, bevor die Zahl durch eine 1965 in Kraft getretene Satzungsänderung auf 15 erhöht wurde) hat fünf ständige Mitglieder, die in Art. 23 namentlich benannt werden (China, Frankreich, Großbritannien, Sowjetunion, USA). Er kann »das Vorliegen einer Bedrohung des Friedens feststellen« (Art. 39), Maßnahmen ergreifen und wirtschaftliche Sanktionen (Art. 41) oder militärische Maßnahmen (Art. 42) beschließen. Die Mitgliedsstaaten müssen nach Maßgabe von Sonderabkommen, die »baldmöglichst« ausgehandelt werden sollten (es gibt sie bis heute nicht), dem Sicherheitsrat Streitkräfte zur Verfügung stellen. Die Planung des Einsatzes dieser Streitkräfte obliegt einem Generalstabsausschuß, der den Rat unterstützt (er hat diese Aufgabe nie erfüllt). Der Generalsekretär kann (gem. Art. 99) »die Aufmerksamkeit des Sicherheitsrats auf jede Angelegenheit lenken, die nach seinem Dafürhalten geeignet ist, die Wahrung des Weltfriedens und der internationalen Sicherheit zu gefährden«.

Die Stationierung von Blauhelmen als Mittel der Friedenssicherung ist nicht in der Charta vorgesehen. Sie wurde von Dag Hammarskjöld und dem Kanadier Lester Pearson konzipiert, um den Suez-Krieg 1956 zu beenden (vgl. Kasten VII).

anlasten konnte, also genau den Strömungen, die im Krieg besiegt worden waren. 1945 konnte man das Gefühl haben, die normale Lage, in der Einrichtungen wie der Völkerbund erneut funktionieren konnten, sei wiederhergestellt. Die Ursachen für den Aufstieg des Nazismus und des Faschismus wurden nicht ernsthaft analysiert: die »Bösewichte«, mit denen man es zu tun gehabt hatte, waren zu Recht besiegt worden. Die Kränkungen des nationalen Selbstwertgefühls der Deutschen, Italiener und Japaner wurden nicht berücksichtigt. Die Irrtümer von Versailles wurden zwar teilweise zugegeben, aber – vor allem in den USA – nicht in das Erklärungssystem für die Phänomene einbezogen, mit denen man zu tun hatte. So konnte man sich *mutatis mutandis* in die Epoche zwischen 1920 und 1930 zurückversetzt wähnen, die doch so klar gezeigt hatte, daß die Mechanismen zur Verhütung bzw. Erledigung von Streitigkeiten funktionieren konnten, sofern zwischen den Großmächten Einvernehmen bestand.

❑ Die Struktur der Vereinten Nationen zu bestimmten wurde fast gänzlich den USA überlassen. Winston Churchill hatte andere Vorstellungen von der Lösung des Problems als Roosevelt. Er befürwortete ein regionales System, und er dachte vor allem an Europa, dessen Zwistigkeiten die beiden Weltkriege ausgelöst hatten. So schlug er im Februar und

März 1943 die Errichtung von zwei, später von drei Regionalräten vor: einen für Europa, einen für Asien und einen dritten für die westliche Hemisphäre, wobei die Großmächte in jedem vertreten sein konnten. Der Rat, den er für Europa vorsah, war ein Instrument für eine europäische Regierung, in der neben den europäischen Großmächten Bünde kleinerer Staaten (Block der skandinavischen Staaten, der Donauanrainer und der Balkanstaaten) vertreten sein sollten. Er hatte ganz genau die grundlegende Schwierigkeit eines Systems der kollektiven Sicherheit erkannt, schrieb er doch: »nur jene Staaten, deren Interessen durch eine Streitigkeit direkt berührt werden, dürften bereit sein, entschlossen zu intervenieren, um eine Streitbeilegung zu erreichen«. Bei den internationalen Konsultationen verschwieg er jedoch seine Zweifel und fand sich recht schnell mit der Ablehnung seiner Vorschläge ab. So diskutierten der Unterstaatssekretär im State Department, Stettinius, der britische Botschafter in Washington, Cadogan, und der damalige sowjetische Botschafter in den Vereinigten Staaten, Gromyko, im August 1944 in Dumbarton Oaks auf der Grundlage eines amerikanischen Memorandums über die künftige UN-Charta.

Die Amerikaner konnten also sowohl in Dumbarton Oaks wie in Bretton Woods – hinsichtlich des Internationalen Währungsfonds – ihre einfachen Vorstellungen über die Weltorganisation durchsetzen. Die USA unterbreiteten ihre Vorschläge mit großem Selbstbewußtsein: Nachdem sie 1919 zu einem Isolationismus übergegangen waren, der die Abwahl Wilsons, die Nicht-Ratifizierung des Versailler Vertrages und die weitgehende Passivität der USA im Völkerbund nach sich gezogen hatte, traten sie nun mit dem Anspruch weltweiter *leadership* auf und waren der stolzen Überzeugung, daß der Völkerbund nur an eben dieser früheren Passivität gescheitert sei. Eine Weltorganisation hingegen, deren Grundstruktur von den USA konzipiert sei, mußte einfach erfolgreich sein.

Auf diese Weise wurde die einmalige Gelegenheit versäumt, eine an den Bedürfnissen der Staatengemeinschaft in der zweiten Hälfte des 20. Jahrhunderts ausgerichtete Weltorganisation zu schaffen. Erfahrene Politiker hätten durchaus vorhersehen können, daß sich die weltpolitische Lage weiter verändern würde. Die Illusion des gemeinsamen Sieges über Nazismus und Faschismus hätte sie nicht blind machen dürfen für die Erkenntnis, daß die liberale und die kommunistische Weltanschauung nicht miteinander vereinbar sind und daß sich daraus eine lange und schwere Konfrontation entwickeln würde. Die Kolonialmächte hätten spätestens zu dem Zeitpunkt, als Großbritannien Indien in die staatliche Unabhängigkeit entließ, erkennen müssen, daß das von ihnen anerkannte Selbstbestimmungsrecht der Völker eine allgemeine Entkolonialisierung nach sich ziehen würde. Und es wäre auch vorhersehbar gewesen, daß die Globalisierung der Wirtschaft, die sich damals bereits abzeichnete, alle Staaten vor enorme Probleme stellen würde.

Es hätte somit nicht eines Systems bedurft, das den noch zu definierenden *status quo* bewahren konnte, sondern vielmehr institutioneller Mechanismen, die einen kontrollierten Wandel ermöglicht hätten. Die Staatengemeinschaft hätte 1945 in erster Linie zur Förderung der Zusammenarbeit zwischen den europäischen Staaten (Siegern und Besiegten) andere Institutionen benötigt als die, deren Streitigkeiten die beiden Weltkriege ausgelöst hatten, und erst in zweiter Linie ein praktisches Instrument für dauerhafte Verhandlungen auf internationaler Ebene zwischen Staaten und Völkern mit gegenläufigen Interessen und Ideologien. Dies hätte Institutionen vorausgesetzt, die sich grundlegend vom Völkerbund unterschieden, der gerade erst versagt hatte. Auch wenn die von Churchill eingebrachten Vorschläge nicht sonderlich präzise waren, hätten sie doch als Ausgangspunkt eines gründlicheren Reflexionsprozesses dienen können. Auch die Konzeptionen von Keynes über ein *Clearing*-System zur Förderung des Welthandels und der Entwicklung hätten wirkungsvollere Instrumente zur Steuerung der Weltwirtschaft hervorgebracht als jene, die auf den Vorschlägen des amerikanischen Vertreters White basierten. Die von Coudenhove-Kalergi und einigen anderen entwickelten Vorstellungen über den Aufbau Europas hätten ebenfalls berücksichtigt werden können (dies geschah zwar später seitens einiger europäischer Staaten, doch in einem Rahmen, der nichts mit der Gestaltung der Weltorganisation zu tun hatte).

Auf diese Weise hätte die Weltorganisation eine ganz andere Struktur erhalten: mit regionalen Kooperationsbündnissen, einem System der regionalen Vertretung auf Weltebene und einem mit wirtschaftlichen und militärischen Befugnissen ausgestatteten Sicherheitsrat als echtem Verhandlungsforum für die Großmächte und die großen regionalen Bündnisse. Statt dessen führten das Gemenge althergebrachter Vorstellungen über die absolute Souveränität und die kollektive Sicherheit sowie die Hoffnung, die bestehenden Vormachtstellungen in den Einflußgebieten und die Kolonialreiche zu erhalten (was man die »Wahrung des Friedens« nannte), zu einem im Bereich der kollektiven Sicherheit nur unwesentlich veränderten »zweiten Völkerbund«. Und die funktionalistische These, nach der die internationale Zusammenarbeit von Technikern und Experten nach und nach einen weltweiten Frieden herbeiführe, diente als Rechtfertigung für die Gründung autonomer Organisationen vor allem im Wirtschafts- und Finanzbereich, was zu einer Spaltung der politischen von den wirtschaftlichen Zuständigkeiten führte. Statt eine auf Verhandlungen und Kooperation basierende Ordnung zu errichten, baute man lediglich eine Bühne auf, auf der politische Propagandaschlachten ausgetragen wurden. Die konzeptionellen Schwächen dieser Institution werden sich 40 Jahre lang deutlich in ihrer Arbeitsweise widerspiegeln.

2. Die UNO und die Sicherheitsprobleme während des Kalten Krieges 1945–1985

2.1 1945–1955: Vorherrschaft des Westens

Evan Luard [24]*, einer der besten Kenner der Vereinten Nationen, beurteilt die Rolle der Organisation im Jahrzehnt zwischen 1945–1955 folgendermaßen: »[...] die UNO hat in dieser Phase versagt, das heißt, sie hat nicht so funktioniert, wie ihre Gründer es beabsichtigt hatten, nämlich als ›ein Zentrum, in dem die Bestrebungen der Völker zum Ausgleich kommen‹ [...] und zwar deshalb, weil sie gar nicht erst versucht hat, erfolgreich zu sein: Nicht einmal die meisten ihrer Mitglieder betrachteten sie als einen Ort, an dem Großmächte oder andere Staaten Lösungen für ihre Streitigkeiten aushandeln. Man sah in ihr ein Forum, vor dem man Probleme öffentlich erörterte, Gegner öffentlich verdammte, Resolutionen öffentlich bekanntmachte oder die Öffentlichkeit für die eigene Sache mobilisierte. Folglich hielt man sie eher für ein Kampffeld als für einen Ort, an dem man nach dem Frieden strebt, eher für einen Platz, da man Punkte verbuchen wollte als einen um sich zu verständigen, eher für ein Instrument der Konfrontation als für eines des Ausgleichs. [...] Manchmal wird gesagt, die Verhandlungen, die in den Gängen stattfinden, seien viel wichtiger als die im Saal des Sicherheitsrates [...], und es stimmt, daß es manchmal auf den Gängen zu einem harten Feilschen kommt. Doch dabei geht es fast immer lediglich um den Wortlaut einer Resolution, um die Frage, ob sie eine mehr oder minder deutliche Sprache sprechen soll, ob man ›bedauert‹ oder ›verurteilt‹, ob ein Satz, ein Wort oder ein Komma gestrichen werden soll, um eine Ja-Stimme zu sichern. [...] Ohne Zweifel war die UNO in diesen zehn Jahren für viele lediglich ein Instrument im wichtigsten Kampf dieser Zeit: dem Kalten Krieg. Für die Minderheit war sie eine Propaganda-Bühne, auf der man seine Anschauungen der Weltöffentlichkeit mitteilen konnte. Für die Mehrheit garantierten ihre Strukturen Ab-

* Zahlen in eckigen Klammern verweisen auf die Bibliographie (S. 158)

stimmungssiege, mit denen sie zeigte, daß die Staatengemeinschaft auf ihrer Seite stand. Die beherrschende Mehrheit vergaß dabei jedoch, daß sie nicht immer die Mehrheit bleiben würde.« [24]

Evan Luards Analyse gilt weit über die Epoche 1946–1955 hinaus, denn in diesem ersten Jahrzehnt wurden die Rollen definiert, die die UNO fortan auf dem Gebiet der Sicherheit spielen sollte: 1.) Bühne für den Ost-West-Gegensatz; 2.) Resonanzboden für die Entkolonialisierung; 3.) Auffangbecken für unlösbare Problemfälle, die die Großmächte loswerden möchten; 4.) Deckmantel für Strafmaßnahmen, die im Interesse der USA und in zweiter Linie dem ihrer Verbündeten durchgeführt werden. Kasten VI zeigt, daß sich die Interventionen der UNO ohne weiteres in diese vier Kategorien einordnen lassen.

Tatsächlich diente die UNO zunächst als politische Bühne. Den Westmächten und der UdSSR ging es darum, sich in der Öffentlichkeit gegenseitig der Unredlichkeit zu bezichtigen, was man bei den Krisen im Iran und in Griechenland auch ausgiebig praktizierte. Man wollte die Respektierung der Einflußgebiete sicherstellen, wie sie in Jalta und an anderen Orten ausgehandelt worden war. Daher benutzten die Westmächte bereits im April 1946 den Sicherheitsrat für ihre Aufforderung an die Sowjetunion, ihre Truppen umgehend aus Aserbaidschan abzuziehen (Resolution Nr. 3). Schon im Januar hatte die Delegation der Ukraine vor der Generalversammlung den Abzug der in Indonesien stationierten britischen Truppen gefordert. Im Gegenzug zum Antrag der Westmächte, Aserbaidschan zu räumen, forderte die UdSSR im Sicherheitsrat nun ihrerseits den Abzug der englischen Truppen aus Griechenland. Dies waren Geplänkel ohne große Bedeutung, jedoch schlechte Vorzeichen für die künftige Rolle der Vereinten Nationen. Übrigens haben die Vereinigten Staaten vor der Generalversammlung die gleiche Methode angewandt, um Franzosen und Engländer zum Rückzug aus Syrien und dem Libanon aufzufordern.

Die Bilanz der UNO im Bereich der Entkolonialisierung spiegelt die Kräfteverhältnisse während dieser Epoche wider und zeigt die Kluft zwischen dem hehren Bekenntnis der Charta zum »Selbstbestimmungsrecht der Völker« und der Praxis der Realpolitik. Da Großbritannien im August 1947 Indien und Pakistan und 1948 Ceylon »von selbst« in die Unabhängigkeit entließ, war Indonesien die einzige Operation der Entkolonialisierung, bei der die UNO eine förderliche Rolle gespielt hat. Der Sicherheitsrat hat nicht nur geholfen, die Unredlichkeit der Kolonialmacht aufzudecken und eine Waffenruhe zu erreichen, wenn nicht gar zu stabilisieren, sondern trug auch durch seine »Gute-Dienste«-Kommission zu einer endgültigen Regelung bei. Doch das ist eine Ausnahme. Zweifellos hat die Generalversammlung schon in dieser Zeit begonnen, politischen Druck in Richtung auf die allgemeine Entkolonialisierung auszuüben. So forderte sie beispielsweise seit 1952 in mehreren Resolutionen Frankreich auf, Tunesien und Marokko umgehend in die Unabhängigkeit zu entlassen. Doch der Einfluß dieser Resolutionen auf die Ereignisse von 1956, die dann tatsächlich diese Unabhängigkeit herbeiführten, ist schwer zu ermessen.

Weder die Generalversammlung noch der Sicherheitsrat reagierten mit Entschiedenheit auf die Kriege und »Polizeiaktionen« gegen Befreiungsbewegungen, die innerhalb des französischen Kolonialreichs und zur gleichen Zeit auch in den portugiesischen und britischen Kolonialgebieten aktiv waren. Frankreich schlug 1945 einen Aufstand in Algerien und 1947 eine Revolte auf Madagaskar erbarmungslos nieder und begann im November 1946 ungeachtet des im März des gleichen Jahres unterzeichneten sog. Ho Chi Minh-Sainteny-Abkommens einen regelrechten Krieg gegen Vietnam. Es handelte sich dabei zwar zweifellos um Angelegenheiten, die gemäß Art. 2 Ziff. 7 der UN-Charta »ausschließlich in den innerstaatlichen Zuständigkeitsbereich eines Staates fallen«; die Weltorganisation hätte sie aber gewiß nicht mit Schweigen übergehen dürfen.

Übrigens berief sich Nehru auf denselben Artikel, um die Beilegung des Hyderabad-Konfliktes zu rechtfertigen. Dort begnügte sich die UNO damit, die Invasion des kleinen Staates durch Indien zu legitimieren, statt eine Volksbefragung abzuhalten, um den Willen der Betroffenen in Erfahrung zu bringen. Ebensowenig hat sich die UNO um eine demokratische Lösung des Kaschmir-Problems bemüht, sondern sich statt dessen damit begnügt, nach dem Ausbruch der Feindseligkeiten zwischen Indien und Pakistan die Teilung des Gebietes festzuschreiben. Mit der gleichen Solidarität der Verfechter der bestehenden Ordnung, die sich nicht gegenseitig bei der Verwaltung ihrer anerkannten Einflußgebiete behindern wollten, haben sich die Kolonialmächte 1954 uneingeschränkt hinter die Intervention der USA in Guatemala gestellt und tatenlos zugesehen, wie die Regierung von Arbenz Guzman brutal aus dem Wege geräumt wurde. Der gleiche Zynismus leitete die Reaktionen des Sicherheitsrates bei den Konfrontationen, die in spezifischem Zusammenhang mit dem Kalten Krieg standen und mit denen sich die UNO befassen mußte. Der einzige Erfolg in dieser Kategorie ist auf die hilfreiche Intervention des Generalsekretärs, Trygve Lie, zurückzuführen, der seine Guten Dienste für Geheimverhandlungen anbot, die 1949 zur Aufhebung der Berlin-Blockade führten.

Bei den übrigen Konfrontationen dagegen hat die UNO in keiner Weise als Verhandlungsforum gedient. Die Westmächte haben gezielt ihre Mehrheit im Sicherheitsrat ausgenutzt, um der Weltöffentlichkeit zu zeigen, daß sie im Recht waren. Die UdSSR hat sich dagegen gewehrt und ausgiebig von ihrem Vetorecht Gebrauch gemacht als der einzigen Waffe, die ihr als ständig ins Unrecht gesetzter Minderheit verblieb. Die Tatsache, daß sie diese Waffe bei der Korea-Krise nicht sonderlich geschickt eingesetzt hat, erlaubte es den Vereinigten Staaten, den Krieg unter dem Deckmantel der UNO zu führen. Doch handelte es sich dabei keineswegs um die Anwendung von Vorschriften der Charta über die »kollektive Sicherheit«. Vielmehr hat sich die UNO zwischen 1950 und 1953 eindeutig als Organisation dargestellt, die für eines der beiden Lager im Kalten Krieg Partei ergriff. Es mag verwundern, daß die UdSSR nicht endgültig aus der Organisation austrat und sich statt dessen damit begnügte, den Generalsekretär, Trygve Lie, zu boykottieren, der sich offen auf die Seite des Westens stellte, und ihn zum Rücktritt zu drängen. Der Korea-Krieg hat deutlich gezeigt, daß die UNO nicht gegründet worden war, um »Frieden zu schaffen«, also um Verhandlungen vor oder während Konflikten zu erleichtern, sondern lediglich, um den Frieden zu sichern, nachdem man durch Anwendung von Gewalt eine Lösung herbeigeführt hatte. Schließlich hat sich die UNO bemüht, eine nützliche Rolle in dem unlösbaren Problem zu spielen, dessen sich die Briten entledigt hatten, indem sie 1947 ihr Palästina-Mandat zurückgaben. Doch auch in diesem Fall ging es der UNO nicht darum, eine Kompromißlösung zu finden, um einen Konflikt zu vermeiden und ein friedliches Zusammenleben der beiden Völker auf demselben Gebiet zu ermöglichen, sondern darum, den Streit im Sinne einer Partei beizulegen, auch auf die Gefahr hin, eine Serie von Kriegen auszulösen, die 40 Jahre später noch immer nicht beendet ist.

Kasten VI. UNO-Interventionen 1946–1955

Erste Geplänkel des Kalten Krieges

❑ *Januar – Mai 1946. Iran – UdSSR.* – Vom Iran eingebrachte Resolution, die den Abzug sowjetischer Truppen aus Aserbeidschan fordert. *Abzug im April 1946.*

❑ *Februar–April 1946. Libanon und Syrien.* – Von Mexiko, Ägypten, den USA und den Niederlanden eingebrachte Resolution, die den Abzug französischer und britischer Truppen aus den beiden Nahost-Ländern fordert. Erstes Veto der Sowjetunion, der die Resolution nicht weit genug geht. *Abzug zwischen Ende April und Ende August 1946.*

❑ *Februar 1946–1954. Griechenland.* – Von der UdSSR eingebrachter Antrag, der den Abzug britischer Truppen fordert. Die Truppen werden im Februar 1947 abgezogen, doch der Bürgerkrieg geht weiter. Der Sicherheitsrat setzt im Herbst 1947 einen Balkan-Sonderausschuß ein, später eine Kommission zur Friedensüberwachung (1950–54). *Abzug im Februar 1947, aber verworrene Lage, der Bürgerkrieg dauert noch mehrere Jahre.*

❑ *Januar 1946. Indonesien.* – Die Delegation der Ukraine verlangt Nachforschungen über die Anwesenheit britischer Truppen in Indonesien. *Die Generalversammlung lehnt den Antrag ab.*

Entkolonialisierung

❑ *Sommer 1947–Dezember 1949. Indonesien.* – Die Niederlande weigern sich, Indonesien in die Unabhängigkeit zu entlassen, brechen damit die von ihnen unterzeichneten Verträge (Abkommen von Linggadjati, November 1946; Abkommen von Renville, Januar 1948) und besetzen zweimal indonesisches Hoheitsgebiet (erste und zweite »Polizeiaktion«). Der Sicherheitsrat verabschiedet mehrere Waffenstillstandsresolutionen, insbesondere die Resolution 67 vom 28. Januar 1949 und setzt eine Gute-Dienste-Kommission ein. *Die Aufrufe zum Waffenstillstand werden befolgt; die Bemühungen der Gute-Dienste-Kommission und der Vermittler haben die Entlassung Indonesiens in die Unabhängigkeit beschleunigt.*

❑ *1951–1956. Marokko.* – Die Lage in Marokko (1951: Niederschlagung der Unruhen in Casablanca durch französische Truppen, 1953: Absetzung des Sultans, Massenverhaftungen usw.) war Gegenstand von Beschwerden im Sicherheitsrat (abgelehnt) und von Entschließungsanträgen in der Generalversammlung (angenommen). 1956: Rückkehr des Sultans und Entlassung in die Unabhängigkeit. *Leichter Druck auf Frankreich.*

❑ *1951–1956. Tunesien.* – Gleiche Art von politischem Druck durch Resolutionen der Generalversammlung zwischen 1951 und 1956. *Wirkung schwer zu ermessen.*

Aggressionen im Zusammenhang mit der Entkolonialisierung

❑ *1946–1954. Indochina-Krieg. Frankreich–Vietnam.* – Die UNO hat sich nicht mit diesem Krieg befaßt. Erst im Mai 1954 brachte Thailand eine Beschlußvorlage in den Sicherheitsrat ein, in der eine Bedrohung der Sicherheit festgestellt wird. Veto der Sowjetunion. *Vollkommene Gleichgültigkeit der Weltorganisation.*

❑ *Juli–September 1947. Hyderabad.* – Der Nizam von Hyderabad ruft wegen der Drohungen Indiens, Hyderabad zu annektieren, den Sicherheitsrat an. Einmarsch indischer Truppen am 13. September 1947. Indien zwingt den Nizam, seine Beschwerde zurückzuziehen. *Der Sicherheitsrat hat dazu beigetragen, das Ergebnis einer Invasion zu legitimieren.*

❑ *1947–1954. Kaschmir.* – Staat mit muslimischer Bevölkerung, aber einem hinduistischen Maharadscha, der nach Unabhängigkeit strebt. 1947 fallen nach muslimischen Aufständen Pashtan-Stämme aus Pakistan ein. Auf Ersuchen der Regierung entsendet Indien Truppen. Nehru ruft am *31. Dezember* den Sicherheitsrat an. Dieser setzt einen UN-Ausschuß für Indien und Pakistan (UNCIP) ein. Nach schwierigen Verhandlungen wird am *25. Dezember 1948* ein Waffenstillstand vereinbart und ein Verwalter ernannt, der ein Plebiszit durchführen soll. Entsendung von UNO-Beobachtern (UNMOGIP). Doch die Meinungsverschiedenheiten über die Bedingungen eines Truppenabzugs dauern fort, so daß kein Plebiszit zustande kommt. Mehrere nacheinander von der UNO benannte Vermittler scheitern. Faktische Teilung des Landes. *Eine Lösung durch Plebiszit scheitert am Widerstand Indiens.*

Kriege im Zusammenhang mit der Entkolonialisierung

❑ *1947–1951. Israelisch-palästinensischer Konflikt.* – Im *April 1947* erklärt Großbritannien, daß es sein Palästina-Mandat an die UNO zurückgebe und verlangt, daß sich eine Sondersitzung der Generalversammlung mit dem Problem der Zukunft dieses Gebietes befaßt. Die Generalversammlung setzt einen Sonderausschuß »zur Palästina-Frage ein«, der am *31. August* zwei Berichte vorlegt; der eine, von der Mehrheit der Ausschußmitglieder getragene, sieht eine Teilung zwischen Juden und Arabern vor, der andere, von der Minderheit unterstützte, die Gründung eines Einheitsstaates. Am *29. November 1947* wird der Teilungsplan von der Generalversammlung mit 33 gegen 13 Stimmen bei 10 Enthaltungen angenommen und eine Palästina-Kommission eingesetzt. Zahlreiche Zwischenfälle vor Ort zwischen Arabern und Juden. Die USA schlagen vor, den Teilungsplan aufzugeben und das Gebiet unter Treuhandverwaltung zu stellen. Der Sicherheitsrat fordert jedoch lediglich eine Waffenruhe. Am *16. April 1948* beschließt die Generalversammlung auf einer zweiten Sitzung, einen Verwalter für Jerusalem zu entsenden, dem es gelingt, in der Stadt eine Waffenruhe durchzusetzen; man beschließt schließlich, einen Vermittler einzusetzen. Außerhalb Jerusalems gehen die Kämpfe weiter. *14. Mai 1948:* Unabhängigkeitserklärung des Staates Israel. *15. Mai*: Arabische Armeen aus Syrien, dem Libanon, Ägypten und Jordanien greifen den neu gegründeten Staat an. Graf Bernadotte wird zum Vermittler ernannt. *29. Mai:* Der Sicherheitsrat fordert einen vierwöchigen Waffenstillstand. Israel schlägt die Angreifer zurück, und der Waffenstillstand wird angenommen. *12. Juli:* Wiederaufnahme der Feindseligkeiten, ein erneuter Waffenstillstand wird am *17. Juli* vereinbart, dennoch Wiederaufflammen der Feindseligkeiten. *17. September:* Ermordung Graf Bernadottes; Ralph Bunche wird zu seinem Nachfolger ernannt. Der Sicherheitsrat gründet eine Organisation zur Überwachung des Waffenstillstandes (UNTSO). Israelischer Vormarsch. Am *4. November* verlangt der Sicherheitsrat den Rückzug der Streitkräfte in die Stellungen vom 14. Oktober und die Festlegung einer Waffenstillstandslinie durch direkte Verhandlungen (nicht beachtet). *11. Dezember:* Die Generalversammlung setzt einen Vermittlungsausschuß ein, der eine endgültige Lösung finden soll. Am *12. Januar 1949* Aufnahme von Verhandlungen auf Rhodos, die am *22. März* zum Abschluß eines Waffenstillstandsabkommens führen. Der Ausschuß organisiert in Lausanne ein Treffen zwischen Vertretern arabischer Staaten und Israels. Am *25. Mai 1950* erklären die USA, Großbritannien und Frankreich gemeinsam, daß sie Maßnahmen ergreifen werden, um eine Änderung der im Waffenstillstandsabkommen festgelegten Grenzen zu verhindern. Dennoch dauern die Grenzzwischenfälle an. *August 1951*: Die Kommission lädt die Konfliktparteien zu einer Konferenz nach Paris ein, die am *13. September* stattfindet. Dort werden keinerlei Fortschritte erzielt. *Indem die UNO der Teilung Palästinas zustimmte, hat sie den Staat Israel geschaffen. Es gelang ihr jedoch nicht, durch Vermittlung direkter Verhandlungen zwischen den Konfliktparteien eine grundlegende Lösung herbeizuführen. Typischer Fall eines unlösbaren Problems, das der UNO zugeschoben wird.*

❑ *Februar 1948. Tschechoslowakei.* – Machtübernahme der Kommunisten. Der ständige Vertreter der abgelösten Regierung ruft den Sicherheitsrat an. Veto der Sowjetunion. *Das sowjetische Veto hat ein Eingreifen der UNO vereitelt.*

❑ *Juni 1948–Mai 1949. Berlin.* – Berlin-Blockade durch die Sowjetunion. Amerikanische Luftbrücke. Die Westmächte rufen den Sicherheitsrat an. Ablehnung sämtlicher Anträge durch die UdSSR. Trygve Lie organisiert ein informelles Treffen, die Verhandlungen haben Erfolg. Aufhebung der Blockade am *4. Mai 1949. Bedeutender Erfolg für den Generalsekretär und die Geheimdiplomatie.*

❑ *1950–1953. Korea-Krieg.* – Die Aufteilung Koreas war das Ergebnis des Eintritts der UdSSR in den Krieg gegen Japan am 8. August 1945 und eines Abkommens zwischen der UdSSR und den USA, gemäß dem sich die japanischen Truppen nördlich des 38. Breitengrades den Russen und südlich desselben den Amerikanern ergeben sollten. Dieses rein militärische Abkommen führt zur Bildung von zwei Regierungen, einer pro-sowjetischen (Kim Il Sung) und einer pro-westlichen (Syngman Rhee). Die Bemühungen der Generalversammlung, die Teilung zu verhindern, bleiben erfolglos. Im *Dezember 1948* zieht die UdSSR ihre Truppen aus dem Norden ab, während die US-Truppen Südkorea im *Juli 1949* verlassen. *Anfang 1950*: Serie von Grenzzwischenfällen. *25. Juni 1950*: Angriff des Nordens auf den Süden. Der Sicherheitsrat fordert in Abwesenheit der UdSSR, die aus Protest gegen die Nichtvertretung Chinas in der UNO ihren Vertreter aus dem Rat abberufen hat, die Einstellung der Feindseligkeiten und den Rückzug der Truppen. Am selben Tag entsendet Truman Luft- und Seestreitkräfte nach Südkorea. *27. Juni*: Neue Resolution des Sicherheitsrats, die den Mitgliedsstaaten empfiehlt, »der Republik Korea jegliche Unterstützung zu gewähren, die für die Abwehr des bewaffneten Angriffs erforderlich ist«. Die UdSSR hält die Resolution für nichtig, da sie an der Abstimmung nicht teilgenommen hat; doch dies bleibt ohne Folgen. Am *30. Juni* werden zwei amerikanische Divisionen von Japan nach Korea entsandt. Sie werden durch Truppenkontingente aus 14 Staaten verstärkt. *7. Juli*: Der Sicherheitsrat setzt ein »Vereinigtes Oberkommando« ein und gestattet die Verwendung der UNO-Flagge. *1. August:* Die UdSSR beschließt, in den Sicherheitsrat zurückzukehren und bringt sämtliche Entschließungsanträge durch ihr Veto zu Fall. Derweil erobern die Nordkoreaner fast den gesamten Süden mit Ausnahme eines Brückenkopfes. Nach der Landung amerikanischer Truppen in Inchon am *15. September* stoßen die UN-Truppen bis zum 38. Breitengrad vor. Die Generalversammlung nimmt am *7. Oktober 1950* (mit 45 gegen 5 Stimmen bei 7

Enthaltungen) einen amerikanischen Entschließungsantrag an, der die Herstellung der »Stabilität in ganz Korea« und die Einsetzung einer Regierung für das ganze Land fordert. Die Amerikaner überschreiten die Grenze. China droht mit einer Intervention und entsendet Ende Oktober tatsächlich Verbände zur Unterstützung des Nordens. Die Amerikaner werden bis südlich des 38. Breitengrades zurückgedrängt. China schlägt eine Einladung zu Friedensgesprächen nach New York aus. Auf Initiative des US-Außenministers Dean Acheson verabschiedet die Generalversammlung (mit 52 gegen 5 Stimmen bei 2 Enthaltungen) die »Uniting for Peace«-Resolution, die der Generalversammlung die Befugnis zuweist, solche Angelegenheiten, die im Sicherheitsrat mangels Einstimmigkeit blockiert sind, zu beraten und nötigenfalls den Einsatz von Streitkräften anzuordnen (was faktisch auf eine Umgestaltung des in Kapitel VII der Charta definierten Systems der kollektiven Sicherheit hinausläuft). Im Sicherheitsrat scheitert eine Resolution, die den Rückzug der chinesischen Truppen fordert, am Veto der Sowjetunion. Die daraufhin gemäß der Acheson-Resolution angerufene Generalversammlung bestätigt die Resolution nicht, setzt aber eine aus drei Personen bestehende Kommission ein, die die Bedingungen für einen Waffenstillstand in Korea sondieren soll. China, dessen Verbände rasch nach Süden vorstoßen, lehnt Gespräche ab. Weitere Versuche, Verhandlungen mit China aufzunehmen, scheitern an der starren Haltung der USA. Am *1. Februar 1951* verabschiedet die Generalversammlung wieder auf Initiative von Acheson (mit 44 gegen 7 Stimmen bei 9 Enthaltungen) eine Resolution, die die Intervention Chinas verurteilt, den Abzug der chinesischen Verbände fordert und eine Gute-Dienste-Kommission einsetzt. Im *Februar–März* stoßen die amerikanischen Truppen nach Norden vor und erobern Seoul zurück. Der amerikanische Oberbefehlshaber, General MacArthur, kündigt, entgegen seinen Befehlen, potentielle Maßnahmen gegen China an. Am *11. April* wird er von Truman abgesetzt. Am *18. Mai 1951* verhängt die Generalversammlung ein Embargo gegen China. Von da an stabilisiert sich die militärische Lage, und die Idee einer Verhandlungslösung setzt sich immer mehr durch. Am *23. Juni* erklärt die UdSSR, daß der Konflikt beendet und durch einen Rückzug hinter beide Seiten des 38. Breitengrades ein Waffenstillstandsabkommen erreicht werden könne. Am *8. Juli* findet das erste Treffen von Vertretern beider Armeen in Kaesong statt. Im *Februar 1952* wird eine vorläufige Vereinbarung erzielt, doch die Lösung des Problems der Kriegsgefangenen nimmt ein weiteres Jahr in Anspruch. Das Waffenstillstandsabkommen wird am *27. Juli 1953* unterzeichnet. *Die Amerikaner und die westliche Mehrheit in der UNO haben die UNO dazu benutzt, um eine Konfrontation im Rahmen des Kalten Krieges unter dem Deckmantel der UNO zu führen. Dies wurde durch den Auszug der UdSSR aus dem Sicherheitsrat erleichtert.*

Aggressionen

❑ *Juni 1954. Guatemala.* – Guatemala ruft nach einem Luftangriff, der mit US-Unterstützung von honduranischen und nicaraguanischen Flugzeugen geflogen wurde, den Sicherheitsrat an. Die Angelegenheit wird an die Organisation Amerikanischer Staaten (OAS) verwiesen. Die Invasion hat Erfolg. *Völliges Versagen der UNO. Die westliche Mehrheit hat die Aggression erleichtert, statt sie zu verurteilen.*

Sonstige Krisen

❑ *1953–1954. Burma.* – 1953 beschwert sich Burma bei der UNO über die Anwesenheit von 12000 Soldaten aus Nationalchina auf seinem Hoheitsgebiet und verlangt, daß Taiwan seine Truppen abzieht. Die Generalversammlung fordert ihre Entwaffnung und Evakuierung und erneuert diesen Appell in einer zweiten Resolution im Jahre 1954. Taiwan bestreitet seine Zuständigkeit. Völlige Wirkungslosigkeit. *Klassischer Fall der Ohnmacht der Weltorganisation.*

❑ *1954–1955. US-Piloten in chinesischer Gefangenschaft.* – Ende 1952 werden 15 US-Piloten über chinesischem Hoheitsgebiet abgeschossen und gefangengenommen. Im *November 1954* werden sie wegen Spionage verurteilt, 4 von ihnen zum Tode. Die Amerikaner bitten die UNO zu intervenieren, und die Generalversammlung verabschiedet eine Resolution. Hammarskjöld bemüht sich um ein Treffen mit Tschou En-lai, der ihn vom 6. bis zum 10. Januar 1955 zu Konsultationen empfängt. Verhandlungen über verschiedene Punkte führen dazu, daß die Gefangenen am *4. August 1955* freigelassen werden. *Persönlicher Erfolg des Generalsekretärs.*

❑ *1954. Quemoy und andere Inseln.* Die UdSSR bringt einen Entschließungsantrag ein, der die militärischen Aktionen, die von diesen Inseln aus gegen die Volksrepublik China unternommen werden, verurteilt. Er wird mit 44 gegen 5 Stimmen abgelehnt. Der Sicherheitsrat fordert die Volksrepublik China auf, eine Stellungnahme vor dem Rat abzugeben. Tschou En-lai lehnt dies ab. Der Rat faßt keinen Entschluß. Die Chinesen beschießen die Inseln, woraufhin die nationalchinesischen Truppen einige davon räumen. *Problem, das mit der Nichtvertretung der Volksrepublik China in der UNO zusammenhängt und erst 1971 gelöst wird.*

2.2 1956–1965: Spannungen und Entkolonialisierungskriege

In die Zeit zwischen 1956 und 1965 (vgl. Kasten VII) fällt eine zweite Phase der UN-Aktivitäten im Bereich der internationalen Sicherheit. Diese Phase wird oftmals unter dem Stichwort der »Entkolonialisierung« zusammengefaßt, weil in diesen Jahren tatsächlich viele neue Staaten in die Unabhängigkeit entlassen (und als Mitglieder in die UNO aufgenommen) wurden. Die Sicherheitsprobleme, die mit der Entkolonialisierung, dem Widerstand gegen sie und mit den Folgen schlecht organisierter Entkolonialisierungen verbunden waren, wurden alles in allem von der UNO, die meistens vom Ausmaß der Probleme überfordert wurde, nicht sonderlich effektiv gelöst. Die Kongo-Krise veranschaulicht die ganze Zweideutigkeit und die ganze Schwierigkeit dieser Friedensbemühungen, doch auch die Streitigkeiten um Neuguinea (West-Irian) und Goa waren nicht einfacher und wurden nicht besser gelöst. In dieser Periode entwickelten sich auch innerstaatliche Konflikte (Libanon, Kaschmir, Kongo, Jordanien, Zypern usw.). Schließlich ist es auch eine Periode sehr starker Spannungen (wie die Kubakrise zeigt) und bewußter Aggressionen der Starken gegen die Schwachen (oder solcher, die man dafür hielt): Frankreich und Großbritannien gegen Ägypten, die UdSSR gegen Ungarn, Indien gegen Goa, Indonesien gegen West-Irian, USA gegen Vietnam, Frankreich gegen Algerien, USA gegen Dominikanische Republik, Türkei gegen Zypern.

In dieser Atmosphäre war der Sicherheitsrat immer dann gelähmt, wenn eines seiner ständigen Mitglieder (Ungarn-Aufstand 1956; Algerien-Krieg 1954–1962; Dominikanische Republik 1965; Vietnam-Krieg ab 1962) oder auch nur der Verbündete eines ständigen Mitglieds (Indien in Goa 1961) in einen Konflikt verwickelt war. Bei der Intervention Saudi-Arabiens und Ägyptens im Jemen ist er tatenlos geblieben. Die Generalversammlung wiederum ist ganz auf den Kurs eingeschwenkt, den die USA in der Schweinebucht-Krise 1961 und bei der Intervention Indonesiens in West-Irian zwischen 1962 und 1963 vorgaben. Schließlich haben sich die Generalsekretäre Hammarskjöld (von 1955 bis 1961) und U Thant zweifellos sehr stark engagiert, doch waren ihre persönlichen Bemühungen in schwierigen Situationen nur selten und oftmals auch nur begrenzt erfolgreich (Hammarskjöld 1958 im Libanon, U Thant in der Kubakrise 1962 und im Kaschmir-Konflikt 1965). Die persönliche Initiative U Thants aus Anlaß des Vietnamkrieges hat zudem gezeigt, daß sich der Generalsekretär nicht der Politik eines Staates wi-

 [Fortsetzung auf Seite 58]

Kasten VII. UNO-Interventionen 1956–1965

Eroberungsähnliche Aggressionen

❑ *1956. Israel, Großbritannien und Frankreich gegen Ägypten. Suez-Krise. – Oktober 1956:* Nach zahlreichen Zwischenfällen zwischen Ägypten und Israel und der Verstaatlichung des Suez-Kanals durch Nasser greift Israel Ägypten an. Der Sicherheitsrat ist durch britisches und französisches Veto lahmgelegt. Anrufung der Generalversammlung. *4. November:* Landung britischer und französischer Truppen. Resolution der Generalversammlung, die den Abzug der Truppen fordert. Auf Antrag von Lester Pearson (Kanada) und Hammarskjöld erstmalige Aufstellung von UN-Friedenstruppen (UNEF I). *15. November:* Ankunft des ersten UN-Truppenkontingents in Ägypten. *Anfang Dezember:* Abzug der Franzosen und Briten. *Folgende Monate:* Stufenweiser Abzug der israelischen Truppen. *4. März 1958:* Wiederfreigabe des Kanals für den Schiffsverkehr. *Der Widerstand der USA und der UdSSR gegen die französisch-britische Intervention hat zum Abzug der Truppen geführt. Die UNO hat jedoch eine förderliche Rolle gespielt und erstmals Friedenstruppen aufgestellt.*

❑ *1956. UdSSR gegen Ungarn. – 22. Oktober 1956:* Sowjetische Truppen schlagen Volksaufstand in Ungarn nieder. *27. Oktober:* Frankreich, Großbritannien und die USA rufen den Sicherheitsrat an. Ungarns UN-Vertreter bestreitet die Zuständigkeit des Rates. Veto der Sowjetunion. Generalversammlung fordert mit 50 gegen 8 Stimmen den Abzug der sowjetischen Truppen. *Im Fall einer Aggression, die von einem ständigen Mitglied des Sicherheitsrates ausgeht, ist die UNO offenkundig machtlos.*

❑ *1961. Indien gegen Goa. – 17. Dezember 1961:* Nach mehreren Grenzzwischenfällen besetzen indische Truppen das (zum portugiesischen Kolonialreich gehörende) Goa. Veto der UdSSR gegen einen Aufruf zum Waffenstillstand. Keine Befragung der 600000 Bewohner von Goa. *Typische Aggression unter dem Vorwand der Entkolonialisierung.*

❑ *1961–1963. Indonesien gegen West-Irian (Papua-Neuguinea)*, ein bei der Entlassung in die Unabhängigkeit von Indonesien abgetrenntes Gebiet. Indonesien hatte den Konflikt 1954 der UNO vorgelegt. Es vergingen mehrere Jahre, bis die Generalversammlung 1961 eine afrikanische Resolution annimmt, die ein Plebiszit und das Recht auf Selbstbestimmung fordert. Doch die Regierung Kennedy unterstützt den indonesischen Präsidenten Sukarno, da sie Indonesien als eine Bastion des Antikommunismus in Asien betrachtet. Die Indonesier greifen das Gebiet im Januar 1962 an. Die Kontrahenten einigen sich am 15. August 1962 auf ein Abkommen, das West-Irian vorübergehend unter UN-Verwaltung stellt. Schon im Februar 1963 überträgt die UN-Verwaltungsbehörde die territoriale Hoheitsgewalt auf Indonesien. Ein Plebiszit findet nicht statt. Es folgt ein weiterer Unabhängigkeitskrieg. *Die UNO hat dabei geholfen, eine Kolonialmacht durch eine andere zu ersetzen.*

Bürgerkriege mit Interventionen von außen

❑ *1958. Libanon und Jordanien.* – Im *Mai 1958* Ausbruch muslimischer Aufstände im Libanon aus Protest gegen die Forderung von Präsident Schamun nach einer Verlängerung seiner Amtszeit. *22. Mai:* Der Libanon ruft den Sicherheitsrat an und beschwert sich über die Unterstützung der Aufständischen durch Syrien (das sich mit Ägypten zur Vereinigten Arabischen Republik zusammengeschlossen hat). Der Rat setzt eine – zahlenmäßig viel zu kleine – UN-Beobachtergruppe ein (UNOGIL), die an der syrisch-libanesischen Grenze stationiert wird. Auch Jordanien fühlt sich vom Zusammenschluß Ägyptens und Syriens bedroht, insbesondere, nachdem ein Militärputsch im Irak ihm den letzten Verbündeten entfremdet. Auf Ersuchen der Beiruter Regierung landen amerikanische Truppen im Libanon. Zur gleichen Zeit britische Truppenhilfe für Jordanien. Hammarskjöld beantragt die Verstärkung der UNOGIL, um den Abzug der amerikanischen Truppen zu ermöglichen, und schlägt vor, einen Sonderbeauftragten nach Jordanien zu entsenden, was vom Sicherheitsrat gebilligt wird. Nachdem Schamun auf eine zweite Amtszeit verzichtet, entspannt sich die Lage. Die Mission der UNOGIL wird Ende November für beendet erklärt. *Die Aktion des Generalsekretärs hat zur Bewältigung einer Krise beigetragen, die durch übertriebene Befürchtungen der USA ausgelöst worden war.*

❑ *1960–1964. Kongo (heute Zaire).* – *30. Juni 1960:* Unabhängigkeit des Kongo. Am *5. Juli* entsendet Belgien nach einer Militärrebellion und gewalttätigen Ausschreitungen Truppen zum Schutz seiner Staatsangehörigen. Am *12. Juli* bitten die führenden Regierungspolitiker Kasavubu und Lumumba den Generalsekretär um Militärhilfe. Hammarskjöld ruft gemäß Art. 99 der UN-Charta den Sicherheitsrat an und erwirkt eine Resolution, die ihn dazu ermächtigt, diese Hilfe zu gewähren. Er entsendet daraufhin umgehend eine aus Truppenkontingenten afrikanischer Staaten und Schwedens, Norwegens, Italiens, Griechenlands und Kanadas bestehende Streitmacht in den Kongo. Schon am *11. Juli* hatte Tschombé, der Führer der Mehrheitspartei in Katanga, die Sezession der Provinz erklärt. Am 25. Juli werden die belgischen Truppen abgezogen, außer in Katanga, wo sie noch verstärkt werden. Am *26. Juli* fliegt Hammarskjöld nach Léopoldville, um das Katanga-Problem zu prüfen. Am *8. August* fordert der Sicherheitsrat den Abzug der belgischen Truppen aus Katanga und die Entsendung von UN-Truppen in die Provinz. Tschombé stellt Bedingungen und wirbt Söldner an, die die Belgier ersetzen sollen. Hammarskjöld trifft mit dem ersten UN-Truppenkontingent in Elizabethville ein, wo er von Tschombé empfangen wird. Tatsächlich stärkt dieser Besuch die Position Tschombés. Lumumba sieht in Hammarskjöld einen Gehilfen der Belgier, die die Sezession Katangas unterstützen. Am *21. August* billigt der Sicherheitsrat ungeachtet der Bedenken Kongos und der UdSSR das Vorgehen Hammarskjölds. Am *5. September 1960* entläßt Kasavubu Lumumba, der seinerseits Kasavubu absetzt. Der Kongo wird zum Austragungsort des Ost-West-Gegensatzes, wobei der Ostblock Lumumba und der Westen Kasavubu unterstützt. Andrew Cordier, der Beauftragte des Generalsekretärs, ordnet die Schließung der Flugplätze (wodurch er das Eintreffen der sowjetischen Hilfe vereitelt) und der Rundfunkstation von Léopoldville an. Obgleich Hammarskjöld diese Schritte mißbilligt, unterstützt er Cordier (die Rundfunkstation geht am *12. September* wieder auf Sendung). Da der Sicherheitsrat beschlußunfähig ist, billigt die Generalversammlung am *20. September* das Vorgehen des Generalsekretärs, setzt einen Vermittlungsausschuß ein und stellt sich schließlich im *Dezember* offiziell auf die Seite Kasavubus. Unterdessen zerfällt der Kongo in mehrere Einflußgebiete: Lumumba residiert in Léopoldville, Gizenga (ein Anhänger Lumumbas) in Stanleyville, Tschombé in Katanga und Kalondschi im Kasai. Lumumba wird am *17. Januar 1961* ermordet. Am *15. Februar 1961* erlaubt der Sicherheitsrat die Anwendung von Gewalt, um den Ausbruch eines Bürgerkriegs im Kongo zu verhindern, und fordert den Abzug ausländischer Truppen und Söldner. Die Vermittlungsbemühungen scheitern; Kasavubu ernennt Ileo zum Chef einer Übergangsregierung. Nach einem Angriff der Truppen Tschombés am *27. März* greifen UN-Verbände ein und bringen das Gebiet zwischen Kabalo und Albertville unter ihre Kontrolle. *Ende April* werden die UN-Truppen von abtrünnigen Regierungstruppen angegriffen. Zahlreiche Vermittlungsversuche scheitern: Konferenz von Tananarive im *März 1961*, Treffen von Coquilhatville *Ende April*, Tschombé wird einen Monat lang inhaftiert, Wiedereröffnung des Parlaments, dann, am *2. August 1961*, Bildung einer Regierung der nationalen Einheit unter Führung von Cyrille Adoula, Absetzung Gizengas im *Januar 1962*. Da die katangischen Behörden sich mehrere Monate lang weigern, die Resolutionen des Sicherheitsrates umzusetzen, und da sich die Angriffe gegen die UN-Truppen in Katanga häufen, reist Hammarskjöld nach Léopoldville, um nach einem Ausweg aus der Krise zu suchen. Er organisiert ein Treffen mit Tschombé. Bei einem Flugzeugabsturz kommen er und 7 UNOC-Mitglieder am *17. September 1961* ums Leben. Am *13. Oktober 1961* wird ein Waffenstillstandsabkommen unterzeichnet, in der Folge jedoch fortwährend verletzt. In der Resolution 169 verurteilt der Sicherheitsrat am *24. November 1961* die sezessionistischen Aktivitäten der Provinz Katanga und ermächtigt den neuen Generalsekretär U Thant zum Einsatz von Truppen, um den Abzug der Söldner zu erreichen. Die Feindseligkeiten werden am *5. Dezember 1961* wieder aufgenommen. Neue Verhandlungen zwischen Adoula und Tschombé führen zur Erklärung von Kitona, in der Tschombé die Verfassung anerkennt. Doch es handelt sich dabei nur um taktische Schachzüge, die folgenlos bleiben. Im *August* legt U Thant den Plan zur nationalen Versöhnung vor, der ein föderalistisches System vorsieht, und fordert dann die Mitgliedsstaaten auf, Sanktionen gegen Katanga zu verhängen. Doch katangische Verbände rücken gegen Stellungen der UNOC-Truppen vor. Im *Dezember 1962* beginnen die UNOC-Truppen mit der Wiederherstellung der Ordnung. Nach einer Offensive in zwei Phasen, im *Dezember* und *Januar*, besetzt die UNOC im Einvernehmen mit Tschombé ganz Katanga einschließlich der Region Kolwezi. Im *Januar 1963* wird die wirtschaftliche und politische Integration Katangas verwirklicht und ein Abkommen mit der Union minière geschlossen, die Tschombé unterstützt hatte. Am *30. Juni 1964* ziehen die UNOC-Truppen ab. *Außergewöhnliche Operation aufgrund ihres Ausmaßes und der Bedeutung der sich stellenden Probleme: Möglichkeit für die UNO, sich in die inneren Angelegenheiten eines Staates einzumischen; Ersetzung des durch Veto blockierten Sicherheitsrats durch die Generalversammlung; Einsatz der UNO im Dienste der westlichen Mehrheit; Kampfeinsatz der Blauhelme mit dem Risiko, vom Feind besiegt zu werden; Fähigkeit der UNO, derartige Aktionen durchzuführen; persönlicher Anteil des Generalsekretärs.*

❑ *1962–1965. Intervention Saudi-Arabiens und Ägyptens im Jemen.* – Nach dem Sturz des Imams am *26. September 1962* bricht ein Bürgerkrieg aus. Saudi-Arabien unterstützt die Royalisten, Ägypten die republikanische Regierung. Beide Seiten entsenden Truppen und Waffen. Die USA erkennen die republikanische Regierung an, ebenso die Generalversammlung. *1964* entsendet U Thant eine Beobachtermission (UNYOM) und erzwingt so einen Beschluß des Sicherheitsrats, der sich kaum für das Problem interessiert. Doch die Zahl der Beobachter ist viel zu gering. Der Krieg weitet sich aus, und Ägypten verstärkt seine Militärhilfe. Im *September 1965* werden die UN-Beobachter abgezogen. Nach dem Sechs-Tage-Krieg von 1967 zieht Ägypten seine Truppen ab. Doch der Krieg geht weiter, während sich die Staatengemeinschaft völlig gleichgültig zeigt. Schließlich Abspaltung Süd-Jemens. *Völliges Scheitern der UNO.*

❑ *Dominikanische Republik.* – Nach einer Serie von Staatsstreichen, die mit dem Sturz von Trujillo im Jahre 1961 beginnt, bricht ein Bürgerkrieg zwischen Anhängern des (ordnungsgemäß gewählten) Präsidenten Bosch und einer Militärjunta aus. Am *28. April 1965* US-Intervention zur Stützung der Junta. Einschaltung der Organisation Amerikanischer Staaten (OAS) und des Sicherheitsrates. Die OAS fordert einen Waffenstillstand und schlägt die Entsendung einer inneramerikanischen Streitmacht vor, die auch aufgestellt wird, aber im wesentlichen aus den amerikanischen Truppen vor Ort besteht. Der Sicherheitsrat billigt die Entsendung eines Sonderbeauftragten des Generalsekretärs. Eine Untersuchung über die Lage der Menschenrechte durch Juristen der OAS bringt unannehmbare Zustände ans Tageslicht. Während die Diskussionen im Sicherheitsrat andauern, wird der Krieg durch einen »Akt der Aussöhnung« beendet. Die Wahlen am *1. Juli 1966* enden mit dem Sieg des Kandidaten der Rechten, Balaguer, der 12 Jahre lang regiert. *Die UNO kann – wie schon zuvor in Ungarn – die Intervention eines ständigen Mitgliedes des Sicherheitsrates nicht verhindern. Immerhin findet eine öffentliche Debatte statt.*

❑ *1953–1959 und 1963–1967. Zypern.* – Seit 1953 befaßt sich die Generalversammlung immer wieder mit der Zypern-Frage (britische Kolonie, die von einer griechischen Mehrheit und einer türkischen Minderheit bewohnt wird). Es kommt häufig zu Zwischenfällen. Bis 1959 jährliche Resolutionen, die eine friedliche Lösung fordern. 1959 führen direkte Verhandlungen zwischen der griechischen und der türkischen Regierung, dann mit den Engländern im Rahmen der NATO, zu einem Abkommen über einen Unabhängigkeitsstatus. Doch die Umsetzung der Unabhängigkeit erweist sich als zu schwierig. Präsident Makarios schlägt 1963 eine Verfassungsreform vor, die von der türkischen Regierung abgelehnt wird. Daraufhin bricht ein Bürgerkrieg aus. Im *März 1964* beschließt der Sicherheitsrat die Aufstellung einer UN-Friedenstruppe (UNFICYP). Da jedoch zwischen Griechen und Türken keine Demarkationslinie vereinbart wurde, erweist sich die Tätigkeit der Friedenstruppe als schwierig, und die, teilweise sehr schweren, Zwischenfälle dauern an. Im *August 1964* kommt es zu türkischen Luftangriffen. Die Forderung des Sicherheitsrates nach einem Waffenstillstand wird angenommen. Doch die Zwischenfälle halten an, und militärische Vorbereitungen lassen Ende 1967 den Ausbruch eines Krieges zwischen Griechenland und der Türkei befürchten. Sämtliche Vermittlungsbemühungen der UNO scheitern. Das Mandat der UNFICYP wird alle sechs Monate erneuert. *Praktisch unlösbares Problem, das Großbritannien der UNO zugeschoben hat. Der Sicher-*

heitsrat kann zwar den Frieden nicht wiederherstellen, stabilisiert aber eine Lage, die letztlich zur Teilung der Insel führt.

❑ *1956–1965. Südafrika.* – Während dieser Jahre befaßt sich die Generalversammlung immer wieder mit der radikalen Apartheidpolitik der Regierung. Nach dem Zwischenfall von Sharpeville, bei dem im März 1960 74 Menschen sterben, verabschiedet der Sicherheitsrat eine Resolution über die Abschaffung der Rassendiskriminierung, in der der Generalsekretär aufgefordert wird, zu intervenieren, um der Charta Geltung zu verschaffen. Ergebnislose Verhandlungen Hammarskjölds. *Das Drängen auf die Abschaffung der Apartheid wird sich – sehr viel später – als nützlich erweisen.*

❑ *1965. Kaschmir.* – Der nicht gelöste Konflikt um Kaschmir zwischen Indien und Pakistan führt nach neuen Verhandlungsbemühungen und nach der Zunahme der Zwischenfälle an der Waffenstillstandslinie im Jahre 1964 zu einem neuen indisch-pakistanischen Krieg. U Thant bemüht sich persönlich um eine Annäherung der Standpunkte. Der Sicherheitsrat ordnet für den *22. September 1965* einen Waffenstillstand an. Er wird eingehalten, und durch sowjetische Vermittlung werden die streitenden Parteien dazu gebracht, ihre Truppen hinter die Demarkationslinie zurückzuziehen, die vor dem Waffenstillstand galt. *Die UNO hat erfolgreich die Annahme einer Waffenstillstandsvereinbarung durchgesetzt. Keine grundlegende Lösung.*

Klassische Kolonialkonflikte

❑ *1954–1962. Algerien.* – Algerienkrieg 1954–1962: Die Unterdrükkung des Aufstandes der »Front national de Libération« durch Frankreich wird im Sicherheitsrat selbstverständlich nicht erörtert. Die Generalversammlung befaßt sich zwar seit 1955 auf jeder Jahrestagung mit diesem Problem, verabschiedet aber nur sehr gemäßigte Resolutionen. Allerdings erhält im Jahre 1960 die Resolution, die das Selbstbestimmungsrecht für alle Völker forderte, in der Generalversammlung eine Zweidrittelmehrheit. *Klassischer Fall eines Konfliktes, in den ein ständiges Mitglied des Sicherheitsrats verwickelt ist. Dennoch hat die UNO dazu beigetragen, daß sich das Konzept der Entkolonialisierung durchgesetzt hat.*

Sonstige Konflikte

❑ *1959–1962. USA und Kuba.* – Die Verschlechterung der Beziehungen zwischen Kuba und den USA nach der Machtübernahme von Castro im Jahre 1959 wurde durch zwei bedeutsame Krisen markiert:
– die Landung von Exilkubanern, die von den USA bewaffnet worden

waren und von der US-Luftwaffe und -Marine unterstützt wurden, in der Schweinebucht im *März 1961*. Zwar wehrt Castro den Angriff erfolgreich ab, doch erhält er keinerlei Unterstützung von der Generalversammlung, die die Affäre der Organisation Amerikanischer Staaten zuweist (die Kuba ausschließt);

– die Raketenkrise: am *22. Oktober 1962* erklärt Kennedy, daß die USA Beweise für die Präsenz sowjetischer Raketen auf Kuba hätten und ordnet die vollständige Seeblockade der Insel an. Der Sicherheitsrat tritt am *23. Oktober* zusammen. U Thant schickt eine Nachricht an Kennedy und Chruschtschow, in der er eine friedliche Beilegung des Konfliktes vorschlägt, und er erhält von beiden versöhnliche Antworten. Nach einem direkten Schriftwechsel zwischen Kennedy und Chruschtschow erklären sich die Sowjets zur Demontage der Raketen bereit. Die USA und die UdSSR erklären sich darüber hinaus damit einverstanden, daß die Vereinten Nationen den Abzug der Raketen überwachen. Doch Castro lehnt dies ab. *In der ersten Krise hat die UNO keine ruhmreiche Rolle gespielt. In der zweiten Krise hingegen war die persönliche Initiative U Thants zweifellos hilfreich.*

❑ *1962–1963. Indonesien–Malaysia.* – Um die britische Kolonialherrschaft über Nord-Borneo und Sarawak zu beenden, einigt sich Großbritannien mit Malaysia darauf, beide Kolonien in ein »Groß-Malaysia« einzubringen. Auch Indonesien und die Philippinen erheben Ansprüche auf dieses Gebiet. Eine sehr schnell durchgeführte Untersuchung der UNO spricht sich für einen Anschluß an Malaysia aus und legitimiert so eine bereits beschlossene Operation Großbritanniens. *Man hat zumindest den Versuch einer Volksbefragung unternommen, wenn auch unter fragwürdigen Bedingungen.*

❑ *1962–1973. USA und Vietnam.* – Seit 1962 verstärken die USA ihre Unterstützung für die Regierung von Südvietnam und treten in einen direkten Krieg mit Nordvietnam ein. Die UNO wird nicht mit der Angelegenheit befaßt. Doch U Thant, der sich wiederholt für Verhandlungen eingesetzt hat, schaltet sich als Vermittler ein und bringt die amerikanische Regierung, insbesondere den Außenminister Dean Rusk, 1965 in Verlegenheit, indem er enthüllt, daß die amerikanische Regierung sich geweigert habe, die Informationen, die er in dieser Frage an sie weitergeleitet habe, zu berücksichtigen. *Intervention eines ständigen Mitglieds des Sicherheitsrats. Die UNO selbst hat keine Rolle gespielt. Doch persönliche Einflußnahme des Generalsekretärs auf die amerikanische Öffentlichkeit.*

dersetzen kann, der ständiges Mitglied des Sicherheitsrates ist, zumal wenn es sich um das mächtigste Mitglied dieses Organs handelt.

Gewiß hat die UNO in dieser Periode das Instrument der Friedenstruppen konzipiert (die ersten Notstandsstreitkräfte der Vereinten Nationen [UNEF I] wurden 1956 aufgestellt) und dann damit begonnen, sich auf ihren Einsatz zu spezialisieren (ONUC im Kongo zwischen 1960 und 1964, UNFICYP auf Zypern im Jahre 1964). Doch der Großeinsatz im Kongo hat gezeigt, daß es schwierig ist, Konfliktsituationen zu meistern, deren vorgegebene Komplexität noch durch den Ost-West-Gegensatz verschärft wird, und daß der Unterschied zwischen Friedenssicherung und Friedensdurchsetzung im Falle eines Bürgerkrieges nur schwer festzustellen ist. Zudem zeigt gerade diese Spezialisierung auf das Instrument der Friedenssicherung, das nur in einer begrenzten Zahl von Fällen anwendbar ist, daß die UNO darauf verzichtet, Kriege zu verhüten oder auch nur an der Friedensschaffung mitzuwirken. Schließlich war auch die Erfolgsbilanz der UNO auf dem Gebiet der Entkolonialisierung wie schon in der vorangehenden Periode nicht sonderlich beeindruckend (West-Irian, Algerien). Die Generalversammlung hat zweifellos durch zahlreiche Resolutionen (die Erklärung über die Unabhängigkeit der Kolonialvölker im Jahre 1960), die beschleunigte Entlassung in die Unabhängigkeit von Gebieten, die unter UN-Treuhandverwaltung standen, und die Gründung eines Ausschusses für den Stand der Entkolonialisierung einen politischen und moralischen Druck in Richtung einer allgemeinen Entkolonialisierung ausgeübt. Anders gesagt: Eine neue Mehrheit hat die UNO als Bühne für ihre Belange zu nutzen begonnen. Doch die Organisation hat nur sehr wenig für einen friedlichen Verlauf dieser Entkolonialisierung getan.

2.3 1966–1985: Marginalisierung und neue Mehrheit

In den letzten zwanzig Jahren des Kalten Krieges wurde die UNO noch stärker ins Abseits gedrängt als in der vorangehenden Periode, wie in Kasten VIII zu sehen ist. Dies hatte im wesentlichen zwei Ursachen: Zum einen ist es auf die friedliche Koexistenz bzw. Entspannung zwischen den beiden Supermächten zurückzuführen. Diese nahmen 1969 direkte Verhandlungen auf, die 1972 zu einem ersten Abkommen über Rüstungsbegrenzung führten; ebenfalls 1972 begannen die Verhandlungen im Rahmen der Konferenz für Sicherheit und Zusammenarbeit

 [Fortsetzung auf Seite 65]

Kasten VIII. UNO-Interventionen 1966–1985

Israelisch-arabische Konflikte

❑ *1967. Israel gegen Ägypten. Sechstagekrieg.* – Am *16. Mai* 1967 fordert Nasser den Abzug der Notstandsstreitkräfte der Vereinten Nationen (UNEF). U Thant erteilt den Befehl zum Abzug. Am *5. Juni* greift Israel Ägypten, Jordanien und Syrien an. Der Sicherheitsrat fordert die Kontrahenten viermal zu einem Waffenstillstand auf. Er wird am *11. Juni* vereinbart, doch die Israelis besetzen den Sinai, den Gaza-Streifen, Charm el-Cheikh, die Westbank und die Golan-Höhen. Die UdSSR bringt im Rat einen Entschließungsantrag ein, der den Rückzug auf die Waffenstillstandslinie von 1949 fordert, aber keine Mehrheit findet. Die zu einer Sondersitzung einberufene Generalversammlung tagt vom *17. Juni bis zum 15. Juli*, kann sich jedoch nicht auf Empfehlungen hinsichtlich des Status von Jerusalem einigen. Am *22. November* verabschiedet der Rat die Resolution 242, die die Grundzüge einer friedlichen Beilegung des israelisch-arabischen Konfliktes definiert: Rückzug der israelischen Truppen von den während des jüngsten Konfliktes besetzten Gebieten; Gewaltverzicht; Achtung und Anerkennung der Souveränität, territorialen Integrität und politischen Unabhängigkeit aller Staaten der Region und des Rechts, innerhalb von sicheren und anerkannten Grenzen in Frieden zu leben. Die Resolution fordert auch freie Schiffahrt auf den internationalen Schiffahrtsstraßen der Region, eine gerechte Regelung des Flüchtlingsproblems und die Schaffung entmilitarisierter Zonen. Schließlich sollte ein Vertreter des Generalsekretärs ein Abkommen zwischen den Parteien vermitteln. U Thant ernannte Gunnar Jarring. Doch ein Abkommen wird nicht erzielt (zumal die Formulierung »Rückzug aus den besetzten Gebieten« unterschiedlich ausgelegt wird, da der englische Ausdruck *occupied territories* nicht unbedingt eine vollständige Räumung zu meinen schien). Ägypten beginnt *Anfang 1969* mit einem Abnützungskrieg in der Kanalzone. Im *Juni 1970* erreicht US-Außenminister Rogers einen Waffenstillstand. Die Verhandlungen werden am *21. August 1970* wieder aufgenommen, später unterbrochen und im *März 1971* fortgeführt, dann erneut unterbrochen. *Ausnahmsweise hat der Sicherheitsrat mit seiner Resolution 242 die Friedensbedingungen maßgeblich mitdefiniert. Er hatte jedoch keinen Anteil an der Verwirklichung des Friedens. Wendepunkt in der Rolle der UNO: der US-Außenminister (Rogers) übernimmt die Rolle des Friedensstifters.*

❑ *1973. Ägypten gegen Israel. Jom-Kippur-Krieg.* – Am *6. Oktober 1973* setzen ägyptische Truppen über den Suez-Kanal, während gleichzeitig syrische Verbände die israelischen Stellungen auf dem Golan angreifen. Der Sicherheitsrat tritt vom 8. bis zum 12. Oktober zu einer Sondersitzung zusammen, kann sich aber nicht auf eine gemeinsame Resolution einigen. Am *21. Oktober* überqueren israelische Truppen den Kanal und kesseln die 3. ägyptische Armee ein. Am *22. Oktober* nimmt der Rat auf Antrag der USA und der UdSSR die Resolution 338 an, die einen Waffenstillstand und die Umsetzung der Resolution 242 verlangt; am *23. Oktober* fordert der Rat dann in der Resolution 339 den Generalsekretär auf, Beobachter an den Krisenherd zu entsenden. Dennoch gehen die Kämpfe weiter, worauf Sadat die Amerikaner und die Sowjets um die Entsendung von Truppen bittet. Am *24. Oktober* fordert der Rat, die Zahl der Beobachter zu erhöhen und eine weitere Friedenstruppe aufzustellen, die sogenannten Zweiten Notstandsstreitkräfte (UNEF II). Nach ihrer Stationierung (7000 Mann, die sich aus Truppenkontingenten von 12 Staaten zusammensetzen) wird der Konflikt beendet. Während der folgenden Jahre kommt es außerhalb der Vereinten Nationen zu Verhandlungen zwischen Israel und Ägypten. Sadat reist am *19. November 1977* nach Jerusalem. Das von Jimmy Carter vermittelte Camp-David-Abkommen wird am *26. März 1979* unterzeichnet. Die UNEF-II-Mission wird achtmal verlängert und endet am *24. Juli 1979*. *Die UNO bemüht sich auch nach Ausbruch der Feindseligkeiten um die Wahrung des Friedens. Sie wird jedoch bei den Verhandlungen, die schließlich zu einem Abkommen zwischen Ägypten und Israel führen, völlig übergangen.*

❑ *1973–1974. Israel–Syrien.* – *Ende 1973* gehen die Kämpfe an der syrischen Front trotz der Resolution 338 weiter. Die israelischen Streitkräfte besetzen einen Brückenkopf, der bis zu der an der Straße zwischen Damaskus und Kuneitra gelegenen Ortschaft Saassa reicht. Zwischen *März und Ende Mai 1974* verschärfen sich die Kämpfe. US-Außenminister Kissinger vermittelt *Ende Mai 1974* den Abschluß eines Entflechtungsabkommens zwischen Israel und den syrischen Streitkräften. Die Kriegsgegner erklären sich mit der Aufstellung einer UN-Beobachtertruppe von 1200 Mann zur Überwachung der Truppenentflechtung einverstanden. *Die gleiche Lage wie im vorigen Fall. Die UNO soll die Grenzen schützen. Die Verhandlungen werden von den USA geführt.*

❑ *1978. Israel gegen Libanon.* – Der im *April 1975* ausgebrochene libanesische Bürgerkrieg war theoretisch mit der Wahl von Elias Sarkis zum Präsidenten und der Aufstellung einer arabischen Abschreckungsstreitmacht im *Oktober 1976* zu Ende gegangen. Doch die Kämpfe zwischen christlichen Milizen und der mit der PLO verbündeten libanesischen Nationalbewegung halten an, insbesondere im Süden (in den die Abschreckungsstreitkräfte aufgrund israelischer Drohungen nicht einrücken). Ein Überfall der PLO fordert am *11. März 1978* in der Nähe von Tel Aviv 37 Tote und 82 Verletzte unter der israelischen Bevölkerung. Zur Vergeltung marschieren israelische Truppen in der Nacht vom *14. zum 15. März 1978* in den Libanon ein und besetzen fast den gesamten Süden. Am *15. März* ruft die libanesische Regierung den Sicherheitsrat an, der am *19. März* die Resolution 425 verabschiedet, die Israel zum Abzug seiner Truppen auffordert und die Aufstellung einer Interimstruppe der Vereinten Nationen im Südlibanon (UNIFIL) beschließt. Die UNIFIL wird umgehend stationiert; im *Mai 1978* gehören ihr 4000 Mann und *Mitte Juni* 6100 Mann an. Doch im *August 1980* und im *Juli 1981* kommt es trotz mehrerer Aufrufe des Sicherheitsrats zum Waffenstillstand zu erneuten Kampfhandlungen zwischen Israel und den im Südlibanon stationierten Streitkräften. Am *6. Juni 1982* überschreiten zwei israelische Divisionen die Grenze und dringen in die Zone ein, die von UNIFIL-Truppen besetzt ist. Trotz einer gewissen Gegenwehr können die UN-Truppen den Durchmarsch der Israelis nicht verhindern. Am *6. Juni* fordert der Rat den Aggressor auf, seine Truppen abzuziehen. Das Mandat von UNIFIL wird verlängert, auch wenn die Truppe ihre ursprüngliche Aufgabe nicht erfüllen kann. Der Generalsekretär organisiert eine – ergebnislos verlaufende – Konferenz in Ras-Naquora, wo sich das UNIFIL-Hauptquartier befindet (*November 1984* bis *Januar 1985*). Die Israelis verlegen zwar ihre Streitkräfte und räumen einen Teil des Südlibanons, bleiben aber in der Region, in der auch die UNIFIL-Truppen stationiert sind; deren Präsenz ist rein symbolisch. *Die UNO spielt wieder die Rolle als Hüterin der Grenzen, die sie im übrigen nur unzureichend erfüllt, da die Israelis bei einem erneuten Vorstoß die Linien der UNIFIL überschreiten.*

Eroberungsähnliche Aggressionen

❑ *1968. UdSSR gegen Tschechoslowakei.* – Im *August 1968* marschieren Truppen des Warschauer Paktes in die Tschechoslowakei ein, um den »Prager Frühling« gewaltsam zu beenden. Die UdSSR legt im Sicherheitsrat ihr Veto gegen eine Resolution ein, die die Invasion verurteilt. Am *28. August* wird Dubček gezwungen, in Moskau ein Abkommen mit den Sowjets zu unterzeichnen. Der tschechische Delegierte in New York verlangt, daß die Frage von der Tagesordnung des Sicherheitsrats genommen wird. *Ohnmacht und Gleichgültigkeit der Organisation.*

❑ *1974 und 1980–1988. Krieg zwischen Iran und Irak.* – Im *Februar 1974* beschwert sich der Irak beim Sicherheitsrat über Angriffshandlungen des Iran. Der Generalsekretär ernennt einen Sonderbeauftragten, Weckman Munioz, der den Abschluß eines Abkommens über den Grenzverlauf, die Einstellung von Unterstützungsleistungen des Iran an die kurdischen Rebellen im Irak und die Ausweisung Khomeinis aus dem Irak vermittelt. Im *September 1980* greift der Irak den Iran an. Am *23. September* lenkt der Generalsekretär die Aufmerksamkeit des Rates auf den Konflikt und bietet seine Dienste an. Resolution 479 fordert einen Waffenstillstand. *17. November 1980*: Olof Palme wird zum Sonderbeauftragten ernannt. Er erzielt *1981* und *1982* einige konkrete Vereinbarungen über den Schiffsverkehr im Schatt el-Arab und über den Austausch von Gefangenen. Eine Mission der UNO bestätigt und verurteilt den Einsatz chemischer Waffen. *1984* werden in Bagdad und Teheran Untersuchungskommissionen der UNO eingerichtet. 1987 fordert die Resolution 598 eine Feuereinstellung. Sie dient als Grundlage für die Vereinbarung eines Waffenstillstandes im *Juli 1988. Die UNO hat nicht verhindern können, daß die beiden Staaten acht Jahre lang einen mörderischen Krieg führen; doch es gelingt ihr, als Vorwand für den Abschluß eines Friedensabkommens zu dienen.*

❑ *1979–1980. UdSSR gegen Afghanistan. – 27. Dezember 1979:* Einmarsch sowjetischer Truppen in Afghanistan. Der Sicherheitsrat kann sich nicht auf eine Resolution einigen; die Generalversammlung wird angerufen und verlangt am *11. Januar 1980* (mit 104 gegen 18 Stimmen bei 18 Enthaltungen) »den sofortigen Abzug ausländischer Truppen«. Generalsekretär Waldheim ernennt Perez de Cuellar zu seinem »persönlichen Sonderbeauftragten«, der zahlreiche Kontakte zu beiden Seiten hat. *1982* ernennt der mittlerweile zum Generalsekretär bestellte Perez de Cuellar Diego Cordovez zu seinem Nachfolger. Die Verhandlungen zwischen der afghanischen und der pakistanischen Regierung ziehen sich sechs Jahre lang hin. Sie erlauben den Sowjets, das Gesicht zu wahren, als Gorbatschow beschließt, die sowjetischen Truppen aus Afghanistan abzuziehen. Im *April 1988* wird das Genfer Abkommen unterzeichnet (es sieht die Durchführung einer UN-Gute-Dienste-Mission in Afghanistan und Pakistan [UNGOMAP] vor). *Auch in diesem Fall hat die UNO einen neunjährigen Krieg und eine ebensolange Besatzung nicht verhindern können. Sie hat ein weiteres Mal als Vorwand für den Beschluß zum Truppenabzug gedient. Der Bürgerkrieg geht trotzdem weiter.*

Begrenzte Aggressionen

❑ *1971. Indien–Pakistan. – November 1971:* Zwischenfälle an der Grenze zwischen Indien und Pakistan im Zusammenhang mit der Unabhängigkeitsbewegung in Ost-Pakistan (Unterdrückung nach Wahlsieg der für die Autonomie eintretenden politischen Gruppierung, Millionen von Bengalen flüchten nach Indien). Der Generalsekretär lenkt die Aufmerksamkeit des Sicherheitsrats auf die Angelegenheit und übermittelt eine Botschaft an die Regierung der beiden Staaten. *3. Dezember:* Kampfhandlungen entlang der Waffenstillstandslinie in Kaschmir. Da sich der Sicherheitsrat am *4. Dezember* nicht auf eine Entschließung einigen kann, fordert die Generalversammlung in der Resolution 2793 (XXVI) einen Waffenstillstand und den Abzug der Truppen. Am *16. Dezember* wird der unabhängige Staat Bangladesch ausgerufen. Am *17. Dezember* Annahme des Waffenstillstands. *Juli 1972*: Abkommen von Simia zwischen Pakistan und Indien über eine »Kontrollinie« in Kaschmir. UNMOGIP wird mit dem gleichen Mandat weitergeführt, doch die Zahl der Beobachter wird von 44 auf 36 vermindert. *Die UNO dient lediglich dazu, etwas zu legitimieren, was ohne ihr Zutun beschlossen wurde.*

❑ *1974. Türkei gegen Zypern.* – Die ersten Gespräche zwischen den beiden Volksgruppen finden 1968 unter der Schirmherrschaft der UNO statt. Die Lage verschlechtert sich *1972–1973*. Am *15. Juli 1974* wird Makarios von der griechischen Militärjunta gestürzt. Am *20. Juli* türkische Invasion im Norden der Insel. Der Sicherheitsrat fordert einen Waffenstillstand und Verhandlungen zwischen Griechen, Türken und Briten (Resolution 353). Die UNFICYP wird verstärkt (von 2078 auf 4444 Mann). Die Dreier-Konferenz von Genf (*25.–30. Juli*) führt zu einem Abkommen über die Sicherheitszone, die Räumung türkischer Enklaven durch die Griechen und den Austausch von Gefangenen. *14. August:* Erneuter Ausbruch von Feindseligkeiten. *16. August:* Der Rat fordert einen Waffenstillstand, der angenommen wird. *Februar 1975:* Gründung eines Föderativen Türkisch-Zypriotischen Staates in der türkischen Zone. Die Verhandlungen zwischen den beiden Volksgruppen werden *1975* in Wien wiederaufgenommen und mit zahlreichen Unterbrechungen bis heute fortgeführt. *Die UNO hat geholfen, die mit Waffengewalt erzwungene Teilung der Insel zu stabilisieren.*

Entkolonialisierung

❑ *1961–1975. Angola.* – 1961 Ausbruch anti-portugiesischer Unruhen. Es bilden sich drei Befreiungsbewegungen: die MPLA, die FNLA und die UNITA. Die MPLA von Aghostino Neto wird von der UdSSR unterstützt, die von Savimbi geleitete UNITA vom Westen. *1975* schließt Portugal mit den drei Befreiungsbewegungen ein Abkommen, das Wahlen vorsieht. Ausbruch eines Bürgerkriegs. Im *November 1975* schlägt Portugal vor, die Vereinten Nationen sollten die Hoheitsgewalt in dem Land übernehmen und erkennt dann die staatliche Unabhängigkeit der ehemaligen Kolonie an. Der MPLA gelingt mit sowjetischer Unterstützung und mit Hilfe kubanischer Truppen die

Machtübernahme. Der Bürgerkrieg geht weiter. Die Vereinten Nationen intervenieren nicht. *Die UNO schaltet sich weder in die Verhandlungen noch in den Bürgerkrieg ein. Sie interveniert erst 1989 (UNAVEM). Kein Erfolg.*

❑ *1965–1971. Rhodesien (Simbabwe).* – Die weiße Minderheit erklärt am *11. November 1965* die Unabhängigkeit des Landes. Großbritannien ruft den Sicherheitsrat an und ersucht ihn, ihm bei der Wiederherstellung seiner Hoheitsgewalt über Rhodesien zu helfen. Am *12. November* fordert der Rat die Mitgliedsstaaten der UNO auf, die »faschistische und illegale Minderheitsregierung« Südrhodesiens nicht anzuerkennen. Am *20. November* empfiehlt er die Verhängung eines Waffen- und Erdölembargos. Dieses Embargo bleibt ohne Wirkung, da die Nachschublieferungen über die portugiesische Kolonie Moçambique und über Südafrika laufen. Am *16. Dezember 1966* ergreift der Rat Zwangsmaßnahmen gegen Rhodesien, und am *28. Mai 1968* verhängt er ein totales Wirtschaftsembargo. Diese Sanktionen werden zwar eingehalten, bleiben jedoch ohne Wirkung. Die Generalversammlung fordert Sanktionen gegen Südafrika und Portugal. Der Rat lehnt dies ab. Am *4. November 1971* Abkommen zwischen der britischen Regierung und Rhodesien über den langfristigen Aufbau einer gemischtrassigen Gesellschaft in Rhodesien. *Erster Fall, in dem die UNO Wirtschaftssanktionen verhängt hat. Dennoch Mißerfolg.*

❑ *Mai 1967–Januar 1970. Biafra. – Mai 1967:* Biafra proklamiert seine Unabhängigkeit von Nigeria. Die Republik wird von mehreren afrikanischen Staaten anerkannt. Doch weder der Generalsekretär noch der Sicherheitsrat reagieren auf die nigerianischen Strafmaßnahmen, die Massaker und eine Hungersnot zur Folge haben, und dies trotz des großen Echos, das die Ereignisse in den Medien auslösen. Biafra kapituliert am *13. Januar 1970. Die Befreiungsbewegung wird von der UNO gänzlich ignoriert.*

❑ *1966–1978. Namibia. – 1966* erklärt die Generalversammlung das südafrikanische Mandat über das Gebiet für beendet. *Ende 1972* wird der Schweizer Martin Escher zum UNO-Sonderbeauftragten für Namibia ernannt; er soll nach einer Lösung suchen. Doch seine Mission scheitert (sein Bericht begünstigt Südafrika). Der Sicherheitsrat verurteilt Südafrika und fordert freie Wahlen (Resolution 385 aus dem Jahr 1971). *1977* setzen die ständigen Mitglieder des Rats eine Kontaktgruppe ein. *1978* verabschieden die Vereinten Nationen einen Plan über die Abhaltung von der UN beaufsichtigter Wahlen (der auch die Entsendung einer »Unterstützungseinheit für die Übergangszeit«, UNTAG, vorsieht) und ernennen einen Sonderbeauftragten, den Finnen Marti Atissari, der vom Rat bestätigt wird. Auf einer Konferenz in Genf im Jahre 1981 läßt sich Südafrika nicht auf einen bestimmten Zeitplan festlegen. Der Plan wird erst *1989* umgesetzt. *Der von der*

UNO während dieser Zeit ausgearbeitete Lösungsentwurf dient einige Jahre später als Grundlage für die tatsächliche Lösung.

❑ *Südafrika (Apartheid).* – Die UNO hat während dieser ganzen Zeit die südafrikanische Apartheidspolitik geächtet und sich hierzu klassischer Druckmittel bedient: *1973* Annahme einer Konvention über die Abschaffung und die Bestrafung des Verbrechens der *Apartheid*; *1974* Ausschluß Südafrikas aus der Generalversammlung und Zulassung der nationalen Befreiungsbewegungen als Beobachter; *1982:* Jahr der internationalen Mobilisierung zu Sanktionen gegen Südafrika. Der Sicherheitsrat hatte *1976* ein Waffenembargo verhängt. *Nützlicher Druck der UNO, der sich einige Jahre später auszahlen wird.*

Sonstige Krisen

❑ *1979. Amerikanische Geiseln im Iran.* – Am *4. November 1979* stürmen iranische Studenten die US-Botschaft in Teheran und halten die Botschaftsbediensteten als Geiseln fest. Am *9. November* fordert der Sicherheitsrat ihre Freilassung. Die Amerikaner schlagen eine Intervention des Generalsekretärs vor, und der Rat ermächtigt ihn, »geeignete Maßnahmen zu ergreifen«. Waldheim reist nach Teheran, wird von der Menge ausgepfiffen und erreicht nichts. Die UdSSR legt ihr Veto gegen eine Resolution des Sicherheitsrats ein, die Sanktionen fordert. Die übrigen Versuche einer Verhandlungslösung scheitern ebenfalls (die Krise wird schließlich durch Vermittlung Algeriens beigelegt, und die Geiseln werden nach dem Ende der Amtszeit von Präsident Carter freigelassen). *Vermittlungsversuch des Generalsekretärs gescheitert.*

in Europa (KSZE). Die beiden Hauptakteure des Kalten Krieges waren nun nicht mehr auf die Vermittlung der UNO angewiesen, um sich zu treffen. Zum anderen wurde die UNO nicht mehr von der westlichen Mehrheit beherrscht. Vielmehr gaben die Entwicklungsländer, die häufig erst in der jüngsten Vergangenheit ihre Unabhängigkeit erlangt hatten und auf deren Initiative Resolutionen verabschiedet wurden, die eine »neue Weltwirtschaftsordnung« [36] fordern, in der Generalversammlung den Ton an. 1964 war die Welthandelskonferenz (UNCTAD) gegründet worden, die fest in der Hand der Länder war, die Forderungen gegenüber dem Westen erhoben. 1974 verabschiedete diese solidarische Mehrheit zusammen mit den arabischen Staaten Resolutionen, die den Zionismus verurteilten, was die USA verärgerte. Es war auch die Zeit der Finanzkrise der UNO, die von den verärgerten westlichen Staaten bewußt herbeigeführt wurde. Die UNO erschien nunmehr als Ort der Konfrontation zwischen Nord und Süd und damit als ein Instrument, das sich nicht mehr so gut zur Wahrung westlicher Interessen verwenden ließ. Trotz der Entspannung hielt man an der traditionellen Taktik wechselseitiger Blockierungen fest. Daher reagierte die UNO auch praktisch auf keinen der wichtigen Konflikte dieser Periode: die Niederschlagung des Prager Frühlings durch sowjetische Truppen im Jahre 1968, die Beendigung des Vietnam-Kriegs mit einer amerikanischen Niederlage im Jahre 1974, den Krieg zwischen Iran und Irak und die sowjetische Invasion in Afghanistan 1980.

Sie reagiert auch nicht auf innerstaatliche Konflikte. 1985, also im letzten Jahr des hier betrachteten Zeitraumes, gab es 24 Bürgerkriege, Guerillakriege und bewaffnete Aufstände, gegen die die UNO nie das geringste unternommen hat (Statistik des SIPRI, Schwedisches Institut für Friedensforschung), nämlich: Nordirland; Kurden und Mudschaheddin im Iran; die kurdischen Peschmergas im Irak; der Guerillakampf der kommunistischen Partei in Malaysia; die Separatisten und Kommunisten in Thailand; der Bürgerkrieg in Angola; der Bürgerkrieg im Tschad, der durch libysche und französische Interventionen noch komplizierter geworden ist; die Aufstände in den äthiopischen Provinzen Eritrea und Tigre; die Grenzkonflikte und der Guerillakrieg zwischen Somalia und Äthiopien; der Kampf der RENAMO gegen die Regierung in Moçambique; der Aufstand der Sikhs in Indien; separatistische Guerillakriege in drei pakistanischen Provinzen; der Kampf der Tamilen gegen die Regierung Sri Lankas; mehrere Aufstände in Birma; die Aufstände der FRETILIN und der Papuas in Indonesien; der Guerillakrieg der Roten Khmer gegen die Regierung und die vietnamesischen Truppen in Kambodscha; die sudanesische Volksbefreiungsarmee im Süd-Sudan; Dissidenten in Simbabwe; die revolutionären Befreiungsarmeen in Kolumbien; die Bewegung von Alfaro Vive in Ecuador; die nationale Befreiungsfront Farabundo Marti in El Salvador; die revolutionäre Bewegung der nationalen Einheit in Guatemala; der Kampf der Contras gegen die sandinistische Regierung in Nicaragua; die Bewegung »Leuchtender Pfad« in Peru. Diese allgemeine Ausbreitung innerstaatlicher Konflikte ist ein wichtiges Phänomen der modernen Welt im Bereich der internationalen Sicherheit. Die Tatsache, daß sich die UNO nicht einmal damit befaßt und nicht einmal versucht, das Verbot von Art. 2 Ziff. 7 der Charta (vgl. Kasten V) in Frage zu stellen, zeigt deutlich, daß sie unfähig ist, ihre Funktion als Hüterin des Weltfriedens zu erfüllen.

Auch hinsichtlich der Entkolonialisierung ist ihre Erfolgsbilanz beklagenswert. Obgleich der ehemalige UNO-Generalsekretär Waldheim in seinen Memoiren [32] schreibt, daß er 1974 auf Bitten der portugiesischen Regierung – und gemeinsam mit zahlreichen UNO-Beratern – nützliche Empfehlungen zur Entkolonialisierung Moçambiques und Angolas geben konnte, lassen die Bürgerkriege, die seither das Land verwüsten, die Qualität der erteilten Ratschläge als fragwürdig erscheinen. Die UNO spezialisierte sich schließlich durch die Aufstellung mehrerer »Friedenstruppen« auf untergeordnete Überwachungsaufgaben entlang stabilisierter Frontlinien, wie etwa auf Zypern oder im Kaschmir, oder auf die Funktion der Grenzsicherung in Israel. Selbst wenn man dem Sicherheitsrat das Verdienst zugestehen muß, in seiner Resolution 242 vom 22. November 1967, die einige Jahre später durch die Resolution 338 ergänzt wird, die Bedingungen eines Friedensschlusses zwischen Israel und den Palästinensern definiert zu haben, so nehmen doch die USA (durch Rogers, Kissinger und dann Carter) alle schwierigen, aber zugleich mutigen und prestigeträchtigen (wenn auch nicht sonderlich erfolgreichen) Verhandlungsaktivitäten für sich in Anspruch. Am Ende dieses Zeitraums ist die UNO somit als Sicherheitsorganisation auf eine gänzlich marginale Rolle beschränkt.

2.4 Die begrenzte Handlungsfähigkeit der UN-Organe

Will man die »Rolle der UNO« im Bereich der internationalen Sicherheit seit 1946 verstehen, muß man sich zuvor von drei allgemein anerkannten Vorstellungen lösen. Die erste besteht darin, die UNO als einen unabhängigen Akteur auf der internationalen Bühne zu betrachten. Die zweite besteht darin, zu glauben, die UNO sei tatsächlich sowohl mit der Friedenssicherung (*peace keeping*) als auch mit der Friedensschaffung (*peace making*) betraut. Die dritte besteht darin, zu glauben, die UNO habe wenigstens bei der Entkolonialisierung eine bedeutsame Rolle gespielt. Diese drei sehr weit verbreiteten Vorstellungen erzeugen ein falsches Bild, das die vorangegangenen Darstellungen vielleicht im Ansatz korrigiert haben. Die Formulierung »Rolle der UNO« und der Wunsch, »ihre Erfolge« und »ihre Mißerfolge« zu beurteilen, unterstellt offenkundig, daß die Weltorganisation in ihrem Handeln unabhängig sei von den Akteuren auf der internationalen Bühne, den Regierungen der einzelnen Staaten. Dieser vom Sprachgebrauch genährten Illusion ist nur schwer beizukommen. Wenn man jedoch verstehen will, inwiefern und auf welche Weise die Organisation Lösungen – gute wie schlechte – von Sicherheitsproblemen beeinflussen kann, muß man ihre einzelnen Organe betrachten. Im Bereich der Sicherheit sind dies der Generalsekretär mit seinem Sekretariat, der Sicherheitsrat und die Generalversammlung. (Der Treuhandrat, der schon in den ersten Jahren nur eine geringe Rolle gespielt hat, ist später praktisch zur Bedeutungslosigkeit verblaßt.)

Diese drei Organe zeichnen sich durch folgende Merkmale aus. Der Generalsekretär (mit dem Sekretariat, das ihm bei der Erfüllung seiner Aufgaben zur Seite steht, insbesondere die »Sonderbeauftragten«, die der Generalsekretär mit vielfältigen Missionen betraut) verfügt nur über einen sehr begrenzten originären Handlungsspielraum und sehr eingeschränkte Machtbefugnisse. Faktisch kann er nur im Rahmen der Aufgaben tätig werden, die ihm der Sicherheitsrat zuweist. Zweifellos kann er diese Übertragung von Aufgaben auch von sich aus initiieren, da ihm Art. 99 der Charta die Befugnis zuerkennt, im Falle der Bedrohung des Weltfriedens und der internationalen Sicherheit den Sicherheitsrat anzurufen. Theoretisch kann er auch im Rahmen von »Gute-Dienste«-Missionen und von Operationen, mit denen ihn der Sicherheitsrat betraut hat, entweder sein großes diplomatisches Geschick unter Beweis stellen oder, im Gegenteil, ihren Erfolg aufs Spiel setzen. Doch trotz des sehr starken Wunsches sämtlicher bislang amtierender Generalsekretäre, möglichst viele Aufgaben an sich zu ziehen und ihre spezifische Befähigung darzutun, wurden sie sehr selten in Verhandlungen von wirklicher Bedeutung einbezogen, und ihr Spielraum für eigene Initiativen ist sehr begrenzt. Aufgrund der Bestimmungen über die Wahl des Generalsekretärs, die die einhellige Zustimmung der fünf ständigen Mitglieder des Sicherheitsrats erfordern, wurde diese Position bislang noch nie mit einer Persönlichkeit besetzt, die bereits vor ihrer Wahl durch ihre Charakterstärke oder ihre Eigenständigkeit hervorgetreten wäre.

Im übrigen gilt eine in den Sicherheitsrat eingebrachte Resolution nur dann als angenommen, wenn ihr neun seiner Mitglieder, einschließlich aller fünf ständigen Mitglieder, zustimmen (Art. 27 Abs. 3 der Charta), und Beschlüsse der Generalversammlung über wichtige Fragen bedürfen einer Zweidrittelmehrheit (Art. 18 Abs. 2). Weder dem Sicherheitsrat noch erst recht der Generalversammlung stehen eigene Streitkräfte zur Verfügung. Beide Organe sind damit keine unabhängigen Akteure, sondern Instanzen, in denen die Regierungen der Mitgliedsstaaten und insbesondere die der Großmächte ihren Einfluß geltend machen, um bestimmte Maßnahmen unter dem offiziellen Deckmantel der UNO durchführen zu können. In diesem Sinne ist die UNO durchaus eine Theaterbühne, auf der regelrechte Schauspieler nach der Mehrheit streben, aber kein Ort für Verhandlungen, wo echte Lösungen für bestehende Sicherheitsprobleme erarbeitet würden. Dem Sicherheitsrat gelang also nur ganz ausnahmsweise, nämlich wenn die beiden Supermächte einmal zufällig im gleichen Sinne handeln wollten und die anderen ständigen Mitglieder keine grundlegenden Einwände hatten, die Formulierung gemeinsamer Lösungen.

Die Begriffe »Friedenssicherung« (*peace keeping*), »Friedensschaffung« (*peace making*) und »Präventivdiplomatie« (oder »vorbeugende Diplomatie«) werden so oft zur Beschreibung der UN-Aktivitäten verwendet, daß man den Eindruck gewinnen kann, die Weltorganisation habe tatsächlich diese verschiedenen Aufgaben erfüllt, sei auch dafür konzipiert worden, und man müsse ihr Wirken auf der Grundlage der Gesamtheit ihrer Aktivitäten beurteilen. Theoretisch ist es natürlich durchaus sinnvoller, einen Konflikt zu vermeiden und die Streitigkeit, an der sie sich entzündet, am Verhandlungstisch zu lösen, als lediglich auf seine Beendigung hinzuwirken, nachdem er ganze Länder verwüstet und Tausende oder Hunderttausende von Toten gefordert hat. Und wenn man durch einen Waffenstillstand die Einstellung der Kampfhandlungen erreicht hat, ist es auch sinnvoller, nach einer umfassenden Lösung zu suchen, die einen dauerhaften Frieden ermöglicht, als sich mit der kurzzeitigen Stabilisierung eines vorläufigen Waffenstillstands zu begnügen. Um nach einem Krieg den Frieden wiederherzustellen, muß man schließlich die Elemente einer endgültigen Lösung nicht nur definieren, sondern auch umsetzen. Anders gesagt, die Instrumente und Bemühungen zur Durchsetzung des Weltfriedens sind sehr vielfältig und unterschiedlich wirksam, und es ist nicht zu bestreiten, daß die Generalsekretäre, der Sicherheitsrat und die Generalversammlung in unterschiedlichen Momenten der Geschichte den einen oder anderen dieser möglichen Wege zum Frieden beschritten haben. Es läßt sich jedoch genausowenig bestreiten, daß die Bemühungen der UNO im Bereich Friedensschaffung in der überwiegenden Mehrzahl der Fälle erfolglos blieben und daß sich die Organisation aufgrund des Willens ihrer Mitgliedsstaaten auf die »Friedenssicherung« beschränken mußte, nachdem die Sieger mit Gewalt ihre Ordnung durchgesetzt hatten.

2.5 *Die UNO und die internationale Sicherheit 1945–1985*

Letztlich hat die UNO als Nachfolgerin des Völkerbundes während der ersten 40 Jahre ihres Bestehens wegen derselben strukturellen und politischen Defizite bei der Wahrung der internationalen Sicherheit durchgängig versagt. Trotz der Bemühungen der Generalsekretäre und der Diplomaten im Sicherheitsrat und in der Generalversammlung, die Organisation zur Geltung zu bringen, ist sie von den wichtigsten Problemen und Ereignissen ferngehalten worden. Während sich der Kalte Krieg mit seinem nuklearen und konventionellen Wettrüsten, seinen einander feindlich gegenüberstehenden Militärbündnissen und seinen Stellvertreterkriegen in der Dritten Welt entwickelte, während Westeuropa schon in den 50er Jahren mit dem Aufbau einer in vielerlei Hinsicht supranationalen Gemeinschaft begann, während sich die Welt durch die Entwicklung der Wirtschaftsmacht Japans und Westdeutschlands, durch die Entstehung multinationaler Konzerne und die »wechselseitige Verflechtung« veränderte, während die beiden Supermächte seit 1970 über Rüstungsbegrenzung verhandelten und während schließlich die Konferenz über Sicherheit und Zusammenarbeit in Europa das Konzept der »vertrauensbildenden Maßnahmen« einführte, spielte die UNO auf der weltpolitischen Bühne nur eine kleine Nebenrolle.

Tatsächlich war die Weltorganisation nur eines von mehreren Instrumenten, die ihren Mitgliedsstaaten, und vor allem den Supermächten, zur Verfügung standen. Sie stand nie im Mittelpunkt der weltpolitischen Bühne. Jede Regierung hat versucht, die UNO im internationalen diplomatischen Spiel zur bestmöglichen Förderung eigener Interessen einzusetzen – die USA, um mit ihrer Hilfe die UdSSR und den »Weltkommunismus« zu bekämpfen und später, um die Staaten der Dritten Welt zu disziplinieren, die sich über die Interessen der Großmächte hinwegsetzten; die UdSSR als Instrument der politischen Propaganda; die Befreiungsbewegungen, um ihre Anerkennung zu betreiben; die Regierungen der in die Unabhängigkeit entlassenen Staaten, um sich zu legitimieren, auch und gerade, wenn sie nicht demokratisch gewählt waren. Die westeuropäischen Staaten, die voll mit dem Aufbau der Europäischen Gemeinschaft beschäftigt waren, die sie viel direkter betrifft und stärker interessiert als die UNO, fühlten sich lange Zeit durch die Weltorganisation behindert und gestört, vor allem in der Phase der Entkolonialisierung. Die einzigen Fragen, über die dank der UNO Einvernehmen erzielt wurde (und auch das oftmals nur durch Stimmenthaltung), waren die wenigen Probleme, die die »Völkergemeinschaft« einmütig loswerden wollte, weil sie zu schwierig, fast unlösbar oder relativ unbedeutend waren. Angesichts dieser Situation blieben die Initiativen der einzelnen Generalsekretäre entweder wirkungslos oder umstritten, und das einzige neu konzipierte Instrument, das eine gewisse Originalität besitzt – die »Blauhelme« –, wurde in dieser Periode nur in sehr geringem Umfang eingesetzt. Die UNO hat zudem praktisch nichts zur Erforschung oder Lösung der Grundprobleme der internationalen Sicherheit und Abrüstung beigetragen, obgleich doch diese Periode auch gerade dadurch gekennzeichnet ist, daß erstmals Teillösungen von grundlegender Bedeutung erzielt werden – freilich außerhalb der UNO.

Alle Autoren sprechen von den »Illusionen« von 1945 und von den »Enttäuschungen«, die darauf folgten. Dies wird im allgemeinen, vereinfachend, damit erklärt, daß der Gegensatz zwischen den USA und der UdSSR zu einer Blockade des Sicherheitsrates geführt habe, der nur dann seine Funktion hätte erfüllen können, wenn das Einvernehmen der fünf ständigen Mitglieder nach dem Sieg fortgedauert hätte. Auch wenn dies zweifellos einer der Hauptgründe ist, so greift die Erklärung doch etwas zu kurz und vereinfacht das Problem ungebührlich. In Wirklichkeit hat die Struktur der Organisation selbst verhindert, daß sie zu einem nützlichen Verhandlungsinstrument wurde.

3. Die wirtschaftlichen und sozialen Aktivitäten der UNO

Es ist schwer, zu verstehen, was die UNO im wirtschaftlichen, sozialen und humanitären Bereich leistet, und noch schwerer, die Wirksamkeit ihrer Maßnahmen zu bewerten. Während die Betätigungsfelder der übrigen Weltorganisationen schon aus ihren Bezeichnungen hervorgehen, lassen sich die spezifischen Tätigkeitsbereiche der UNO, die sich nach den vagen Vorstellungen der Öffentlichkeit vornehmlich mit Menschenrechten, der Umwelt und humanitären sowie statistischen Fragen befassen, viel schwerer erfassen.

Die Tatsache, daß sie eine komplexe Struktur besitzt – mit einer Generalversammlung, einem Wirtschafts- und Sozialrat, einer Welthandelskonferenz (UNCTAD), zahllosen Ausschüssen, Programmen wie UNICEF (Kinderhilfswerk der Vereinten Nationen), dem Hohen Kommissar der Vereinten Nationen für das Flüchtlingswesen (UNHCR) und dem UN-Entwicklungsprogramm (UNDP), die in gewisser Weise Töchter der Muttergesellschaft sind – macht das Bild der Organisation noch verschwommener. Hinzu kommen einige zumindest in der westlichen Öffentlichkeit weitverbreitete Überzeugungen, nach denen die UNO, die eigentlich für die Koordinierung der Organisationen ihres »Systems« zu sorgen habe, allzu stark politisiert sei und eine schwerfällige, ineffiziente Bürokratie besitze, die viel zu hohe Kosten verursache.

Will man die Ursachen für diese Komplexität, die Vielfalt und den schlechten Ruf verstehen, muß man sich zunächst die großen Tätigkeitsbereiche und die daran ausgerichtete Struktur näher ansehen. Die Kästen IX, X, XI und XII sollen dem Leser einen Gesamtüberblick verschaffen und ihm gleichzeitig ermüdende Beschreibungen ersparen. Kasten IX zeigt den Platz, den die UNO im Gefüge der Weltorganisationen einnimmt; Kasten X führt die wichtigsten zwischenstaatlichen Organe und Sachverständigenausschüsse auf; Kasten XI gibt eine Übersicht über die Schwerpunkte des Sekretariats, und Kasten XII zählt die gegenwärtigen Programme der UNO auf, wie sie im mittelfristigen Plan 1992–1997 niedergelegt sind.

Kasten IX. Die Weltorganisationen

Die Zahlen geben die Jahresetats zu Beginn der 90er Jahre in Millionen US-Dollar an. Die Zahlen hinter dem Schrägstrich geben die außerordentlichen Mittel (freiwillige Beitragsleistungen) an. In den Zahlen für die UNO sind die Mittel für den UNHCR mitenthalten. Die Fonds zur Finanzierung der friedenssichernden Missionen der UNO sind nicht aufgeführt. Sie beliefen sich 1993 auf etwas über 3 Milliarden US-Dollar.

Organisationen, die den Außenministerien unterstehen: Sie setzen sich aus den Delegationen bei der UNO in New York, Genf, Wien, Nairobi und an den Sitzen der regionalen Wirtschaftskommissionen sowie den Sachverständigen aus den Hauptstädten, die sich mit wechselnden Fragestellungen befassen, zusammen.

❑ *Organisation der Vereinten Nationen (UNO)* (New York, Genf, Wien, Nairobi), einschließlich:
– Konferenz der Vereinten Nationen für Handel und Entwicklung (UNCTAD, Genf);
– Hilfswerk für Palästina-Flüchtlinge im Nahen Osten (UNRWA);
– Wirtschaftskommission für Europa;
– Wirtschafts- und Sozialkommission für Asien und den Pazifik (ESCAP); Wirtschaftskommission für Lateinamerika und die Karibik (ECLA, Santiago); Wirtschaftskommission für Afrika (ECA, Addis Abeba); Wirtschafts- und Sozialkommission für Westasien (ESCWA). 1300/1350

❑ *An die UNO angegliederte Programme:*
– Entwicklungsprogramm der Vereinten Nationen (UNDP, New York) –/1500
– Welternährungsprogramm (WFP, Rom) –/1800
– Umweltprogramm der Vereinten Nationen (UNEP, Nairobi) *im UNO-Haushalt enthalten*
– Hochkommissariat für das Flüchtlingswesen (UNHCR, Genf) *in den freiwilligen UNO-Mitgliedsbeiträgen enthalten*
– Kinderhilfswerk der Vereinten Nationen (UNICEF, New York) –/1000
– Bevölkerungsfonds der Vereinten Nationen (New York) –/120
– Internationaler Fonds für landwirtschaftliche Entwicklung (IFAD, Rom)

Organisationen, die Fachministerien unterstehen, vertreten durch Delegationen, durch Mitglieder in den Verwaltungsräten der Organisationen und durch entsandte Sachverständige:

❑ *Hauptorganisationen*
– Internationale Arbeitsorganisation (ILO, Genf) 202/153
– Organisation der Vereinten Nationen für Erziehung, Wissenschaft und Kultur (UNESCO, Paris) 222/82

– Weltgesundheitsorganisation (WHO, Genf) 367/345
– Ernährungs- und Landwirtschaftsorganisation der Vereinten Nationen (FAO, Rom) 338/412
– Organisation für industrielle Entwicklung (UNIDO, Wien) 90/147
– Internationale Atomenergie-Organisation (IAEA, Wien) 191/8

❑ *Fachorganisationen*

– Weltpostverein (UPU, Bern) 22/–
– Weltorganisation für Meteorologie (WMO) 40/64
– Internationale Fernmelde-Union (ITU, Genf) 99/36
– Internationale Seeschiffahrts-Organisation (IMO, London) 28/21
– Internationale Zivilluftfahrt-Organisation (ICAO, Montréal) 48/53
– Weltorganisation für geistiges Eigentum (WIPO, Genf) 66/6

Organisationen, die den Finanz- und Wirtschaftsministern unterstehen, vertreten durch Gouverneure des Währungsfonds und der Weltbank:

❑ *Sogenannte Bretton-Woods-Institutionen*

– Internationaler Währungsfonds (IMF, Washington)
– Internationale Bank für Wiederaufbau und Entwicklung (IBRD, Washington)
– Internationale Finanz-Corporation (IFC, Washington)
– Internationale Entwicklungsorganisation (IDA, Washington)

Organisationen, die den Handels- und Industrieministerien oder anderen einschlägigen Ministerien unterstehen.

❑ *Handelsorganisation*

– Allgemeines Zoll- und Handelsabkommen (GATT, Genf), seit Dezember 1993 abgelöst durch die Internationale Handelsorganisation

---

Diese Übersichten zeigen die Komplexität und Vielfalt der wirtschaftlichen, sozialen und humanitären Aktivitäten der UNO. Um die Eigenart dieser Aktivitäten genauer zu verstehen, muß man jedoch zunächst die Realitätsferne beschreiben, die das Handeln der Organisation bestimmt. Man spricht dort zwar selbstbewußt über grandiose Ziele, macht sich aber keine Gedanken darüber, daß sie niemals erreicht werden. Man übt sich dort tagtäglich in dem, was zu Recht als »Sprache der Leerformeln« bezeichnet wird: Man verabschiedet eine Fülle ehrgeiziger Resolutionen, deren Mehrzahl weitgehend sinnlos ist und deren äußerstes Ergebnis darin besteht, vom Generalsekretär einen neuen Bericht anzufordern. Man billigt Grundsätze, an die sich niemand gebunden fühlt. Man beschließt mittelfristige Pläne, die so vage formuliert sind, daß man unmöglich ihre Ausführung überprüfen kann. Man vergeudet Tausende von Seiten für Berichte, die niemand liest.

Dieses Klima, das keineswegs UNO-spezifisch ist, sondern sich auch in einigen der großen Sonderorganisationen wie der UNESCO oder der

Kasten X. Die wichtigsten zwischenstaatlichen Organe und Sachverständigenausschüsse, die sich mit wirtschaftlichen, sozialen, humanitären und rechtlichen Fragen befassen (unter Ausschluß der Exekutivräte der Programme)

❑ *Allgemeine Aussprache und Gesamtabstimmung*

– Die Generalversammlung und ihre Ausschüsse: Zweiter Ausschuß (für wirtschaftliche Angelegenheiten), Dritter Ausschuß (für soziale Angelegenheiten), Fünfter Ausschuß (für Verwaltungs- und Haushaltsfragen), Sechster Ausschuß (für Rechtsfragen).

– Wirtschafts- und Sozialrat (ECOSOC)

– Beratender Ausschuß für Verwaltungs- und Haushaltsfragen (ACABQ)

– Programm- und Koordinationsausschuß (CPC)

❑ *Rechtliche Angelegenheiten*

– Völkerrechtskommission; Kommission der Vereinten Nationen für internationales Handelsrecht; Verwaltungsgericht der Vereinten Nationen; Kommission für die Fischbestände.

❑ *Politische Koordinierung und dauerhafte Entwicklung*

– Ausschuß für dauerhafte Entwicklung; Hochrangiger Beratungsausschuß; Kommission für soziale Entwicklung; Kommission für die Rechtsstellung der Frau; Ausschuß für Entwicklungsplanung; Ausschuß für neue und erneuerbare Energiequellen; Welternährungsrat; Ausschuß für die Beseitigung der Diskriminierung der Frau.

❑ *Wirtschaftliche und soziale Informationen*

– Statistische Kommission; Bevölkerungskommission (und Expertengremien); Zwischenstaatliche Sachverständigengruppe für Fragen der sozialen Sicherheit.

❑ *Unterstützungs- und Verwaltungsausschüsse für Entwicklung*

– Ausschuß für natürliche Ressourcen; Sachverständigentagung über das Programm der Vereinten Nationen für öffentliche Verwaltung und Finanzen; Ad-hoc-Sachverständigengruppe für internationale Zusammenarbeit in Steuerangelegenheiten.

❑ *Menschenrechte*

– Vgl. Kasten XIX über die Organisation des Menschenrechtsschutzes bei den Vereinten Nationen.

❑ *Konferenz der Vereinten Nationen für Handel und Entwicklung (UNCTAD)*

– Rat für Handel und Entwicklung; ständiger Ausschuß für Rohstoffe; Zwischenstaatliche Sachverständigengruppe für Eisen-, Bauxit- und Wolframerz; *Ad-hoc*-Tagungen über Industrieerze; Kommission für transnationale Unternehmen; Kommission für Wissenschaft und

Technologie im Dienste der Entwicklung; Sachverständigengruppe für restriktive Handelspraktiken; Sonderarbeitsgruppe für Investitionen und Finanzhilfe; ständiger Ausschuß für die Minderung der Armut; ständiger Ausschuß für die wirtschaftliche Zusammenarbeit zwischen Entwicklungsländern; Sonderarbeitsgruppen für die Erweiterung der Absatzgebiete der Entwicklungsländer, für den zwischenstaatlichen Erfahrungsaustausch bei Privatisierungen, für Strukturanpassungen zur Erleichterung des Übergangs zur Abrüstung; Sonderausschuß für Präferenzen; ständiger Ausschuß für die Entwicklung des Dienstleistungssektors; Sachverständigengruppe für Verkehr; Tagung von Experten der Geberländer mit Vertretern der am wenigsten entwickelten Länder; Arbeitsgruppe über die Wechselwirkung zwischen Investitionen und Technologie-Transfer; Arbeitsgruppe für die internationalen Normen der Rechnungslegung (und Expertengremium); gemeinsamer Beratungsausschuß UNCTAD-GATT.

❑ *Regionale Zusammenarbeit bei der wirtschaftlichen Entwicklung*

– Die fünf regionalen Wirtschaftskommissionen und ihre Fachausschüsse.

❑ *Weltkonferenzen im Jahre 1994*

– Konferenz über die dauerhafte Entwicklung der ärmsten Inselstaaten; Konferenz der Vereinten Nationen über Naturkautschuk; Konferenz der Vereinten Nationen über Getreide; Konferenz über Rohstoffe.

– Internationale Konferenz über Bevölkerung und Entwicklung.

– *Für 1995 geplant:* Weltgipfel über die soziale Entwicklung; Weltfrauenkonferenz; Konferenz über das System der Finanzhilfe für die Entwicklungsländer.

FAO findet, ist viele Male beschrieben worden (vgl. Kasten XIV, wo die Aktivitäten der Amtssitze der UN, die wirklichkeitsfremde Formulierung der Programme und die Flut der Berichte des ECOSOC beschrieben werden). Man muß jedoch auch die Ursachen dieses Phänomens analysieren.

3.1 Die Realitätsferne der UNO

Der erste und wichtigste Faktor der Realitätsferne der UNO ist das relative Desinteresse, das die Großmächte und die Industriestaaten im allgemeinen den wirtschaftlichen und sozialen Aktivitäten der UNO entgegenbringen. Die wirtschaftlichen und sozialen Probleme der armen Länder sind die geringste Sorge der Regierungen und oftmals auch der

Kasten XI. Die wichtigsten Dienststellen des Sekretariats

(Mit Angabe der Zahl der Planstellen und der außerplanmäßigen Stellen. Die angegebenen Stellenzahlen sind dem Programmhaushalt 1994–1995 entnommen. Die Zahlen hinter dem »+«-Zeichen geben die mit außerordentlichen Beitragsleistungen finanzierten Stellen an. Etwa die Hälfte der Bediensteten sind sogenannte »Administratoren«.)

❑ *Büro des Generalsekretärs*

– Politische Gesamtleitung und Koordinierung. Gleichzeitig Büros der Vereinten Nationen. 154 + 8

❑ *Politische Angelegenheiten*

– Abteilung für politische Angelegenheiten I (Präventivdiplomatie, Angelegenheiten des Sicherheitsrates, Abrüstung) 177 + 143

– Abteilung für politische Angelegenheiten II (Präventivdiplomatie, Informationsbeschaffung, besondere politische Fragen) 134

– Weltraumangelegenheiten 19

– Abteilung für friedenssichernde Operationen 43

– Bereich Außendienst 28

– Sonderbeauftragte des Generalsekretärs und Sondermissionen 374

❑ *Internationale Gerichtsbarkeit und internationales Recht*

– Internationaler Gerichtshof 61

– Rechtsabteilung 101 + 21

❑ *Wirtschaftliche und soziale Angelegenheiten*

– Internationale Zusammenarbeit im Bereich der wirtschaftlichen Entwicklung 1248

– Abteilung für politische Koordination und dauerhafte Entwicklung (Ausarbeitung politischer Entwürfe, dauerhafte Entwicklung, Sekretariat des ECOSOC, soziale Entwicklung einschließlich Frauenförderung, kritische Wirtschaftslage in Afrika, Schutz des Erdklimas, Kampf gegen die Versteppung) 231

– Abteilung für wirtschaftliche und soziale Information und politische Analyse (Studien über die Weltwirtschaft, den Zusammenhang zwischen Auslandsverschuldung und Entwicklung, Bevölkerungsentwicklung, Erstellung von Statistiken) 283

– Abteilung für Unterstützungs- und Managementdienste für die Entwicklung (technische Zusammenarbeit – Planung, Investitionen, Verschuldung – öffentliche Verwaltung, natürliche Ressourcen und Energie) 171

– Konferenzdienst 2063

❑ *Umweltprogramm der Vereinten Nationen* 84

❑ *Zentrum der Vereinten Nationen für Wohn- und Siedlungswesen* 93

❑ *Bekämpfung der Kriminalität* 20

❑ *Internationales Zentrum für Drogenkontrolle* 71

❑ *UNCTAD* 453

– *Handel und Entwicklung:* Internationaler Wettbewerb und Handelspolitiken. Rohstoffe. Finanzierung der Entwicklung und Verschuldung. Investitionen und Technologie. Bekämpfung der Armut. Wirtschaftliche Zusammenarbeit zwischen Entwicklungsländern. Weltweite Verflechtung. Ausdehnung der Wirtschaftsräume und regionale Integration. Privatisierung, Unternehmergeist und Wettbewerbsfähigkeit. Beschaffung von Ressourcen. Umwelt und dauerhafte Entwicklung. Datenverwaltung (Statistiken über den Welthandel).

– *am wenigsten entwickelte Länder und Inselstaaten bzw. Staaten ohne Küste.*

– *Erweiterung des Handels und Entwicklung des Dienstleistungssektors:* Strukturanpassungen und Erschließung neuer Absatzmärkte. Ausfuhrkapazität. Effektivität des Handels. Entwicklung von Dienstleistungen. Seebeförderung, Häfen und Verkehr. Versicherungen.

– *Wissenschaft und Technologie* (Investitionen und Technologie)

– *Transnationale Unternehmen.*

❑ *Zentrum für Menschenrechte* 137

❑ *Hochkommissariat für Flüchtlinge* 264 (humanitäre Angelegenheiten + 3137)

❑ *Hilfswerk der Vereinten Nationen für Palästina-Flüchtlinge im Nahen Osten* (UNRWA) 92 + 17 000 Bedienstete vor Ort

❑ *Abteilung für humanitäre Angelegenheiten* 79

❑ *Abteilung Presse und Information* 818 + 45

❑ *Verwaltungsdienste*

– Büro des beigeordneten Generalsekretärs: 70 + 339. Büro für Programm-, Haushalts- und Finanzplanung: 164. Büro für Personalwirtschaft: 178. Büro für allgemeine Dienste: 666. Konferenzdienst: 2063. Büro für interne Rechnungsprüfung: 38. Allgemeine Dienste (Nairobi): 60. Büro der Vereinten Nationen in Genf: 442. Büro der Vereinten Nationen in Wien: 189.

❑ *Regionale Zusammenarbeit für die Entwicklung*

– Wirtschaftskommission für Afrika 608

– Wirtschaftskommission für Europa 207

– Wirtschafts- und Sozialkommission für Asien und den Pazifik 509

– Wirtschaftskommission für Lateinamerika und die Karibik 526

– Wirtschafts- und Sozialkommission für Westasien 289

Öffentlichkeit der reichen Länder. Und wenn sich tatsächlich Probleme stellen, die man ernstnimmt, weil sie sich auf die reichen Länder selbst auswirken – etwa die Schuldenkrise der Dritten Welt –, werden diese nach stillschweigender Übereinkunft außerhalb der UNO behandelt. Eine Ausnahme von dieser Regel machen nur einige Bereiche, in denen die UNO den Industrieländern vermeintlich gute Dienste leisten kann, wie Bevölkerungsentwicklung, Drogenhandel, Umwelt, die (als politische Waffe eingesetzten) Menschenrechte und die humanitäre Hilfe.

Kasten XII. Die gegenwärtigen UNO-Programme (1992–1997)

Hauptprogramm I. Erhaltung des Friedens und der internationalen Sicherheit. Abrüstung und Entkolonialisierung.

1. »Gute Dienste«; Präventivdiplomatie; Wiederherstellung des Friedens; Friedenssicherung; Suche, Gewinnung und Auswertung von Informationen. 2. Politische Angelegenheiten und Angelegenheiten des Sicherheitsrates. 3. Angelegenheiten der Generalversammlung. 4. Abteilung für politische Angelegenheiten. 5. Palästina-Fragen. 6. Abschaffung der *Apartheid*. 7. Abrüstung. 8. Friedliche Nutzung des Weltraums.

Hauptprogramm II. Internationales Recht

9. Völkerrecht. 10. Seerecht und Meeresangelegenheiten.

Hauptprogramm III. Internationale Zusammenarbeit für die wirtschaftliche und soziale Entwicklung

11. Allgemeine Probleme und politische Konzepte einschließlich der Koordination. Kritische Wirtschaftslage in Afrika, Wiederaufschwung und Entwicklung.

Hauptprogramm IV. Internationale wirtschaftliche Zusammenarbeit für die Entwicklung

12. Probleme und politische Konzepte bezüglich der internationalen Entwicklung. 13. Handel und Entwicklung. 14. Ausweitung des Handels, Förderung des Exports und Entwicklung der Dienstleistungssektoren. 15. Am wenigsten entwickelte Länder, Inselstaaten, Staaten ohne Meereszugang und Sonderprogramme. 16. Umwelt. 17. Wissenschaft und Technologie im Dienste einer dauerhaften Entwicklung. 18. Bevölkerung. 19. Natürliche Ressourcen. 20. Energie. 21. Öffentliche Verwaltung und öffentliches Finanzwesen. 22. Menschliche Siedlungen. 23. Transnationale Unternehmen. 24. Statistiken.

Hauptprogramm V. Internationale Zusammenarbeit für die soziale Entwicklung

25. Probleme und Konzepte der internationalen Sozialpolitik. 26. Integration gesellschaftlicher Gruppen. 27. Frauenförderung. 28. Internationale Bekämpfung des Drogenhandels. 29. Prävention von Verbrechen und Strafgerichtsbarkeit.

Hauptprogramm VI. Regionale Zusammenarbeit für die wirtschaftliche und soziale Entwicklung

30. Regionale Zusammenarbeit für die Entwicklung in Afrika. 31. Regionale Zusammenarbeit für die Entwicklung in Asien und im pazifischen Raum. 32. Regionale Zusammenarbeit für die Entwicklung in Europa. 33. Regionale Zusammenarbeit für die Entwicklung in Lateinamerika und der Karibik. 34. Regionale Zusammenarbeit für die Entwicklung in Westasien.

Hauptprogramm VII. Menschen- und Grundrechte sowie humanitäre Angelegenheiten

35. Förderung und Schutz der

Menschenrechte. 36. Internationaler Schutz der Flüchtlinge und Flüchtlingshilfe. 37. Katastrophenhilfe, Linderung der Katastrophenfolgen und Nothilfe-Programme.

Hauptprogramm VIII. Information
38. Information

Hauptprogramm IX. Konferenzdienst
39. Konferenz- und Bibliotheksdienst

Hauptprogramm X. Verwaltungsdienst.
40. Verwaltung und Management. 41. Personalwirtschaft. 42. Programm-, Haushalts- und Finanzplanung. 43. Allgemeine Dienste. 44. Öffentlichkeitsarbeit.

Die Gleichgültigkeit der Industrieländer gegenüber Programmen, die direkt oder indirekt die Entwicklung betreffen, schlägt sich in sehr konkreten Verhaltensweisen nieder: etwa der Weigerung, die für eine ernsthafte Bekämpfung der Probleme erforderlichen Finanzmittel bereitzustellen, oder die geringe Bedeutung, die man der Qualifikation der Bediensteten des Sekretariats beimißt.

Doch diese Gleichgültigkeit muß verschleiert werden. Keine Regierung eines reichen Staates möchte offiziell zugeben, daß ihr das Geschick der Armen und Entrechteten gleichgültig ist. Aus diesem Grund bekennt man sich verbal zu den »Idealen der Charta« und unterstützt scheinbar die Bemühungen der UNO zugunsten der Entwicklungsländer. Daher die Neigung zu hochtrabenden Deklarationen, hinter deren hehren Worten sich Unbeweglichkeit und manchmal sogar Feindseligkeit verbergen. Diese offizielle Ideologie der Unterstützung der UNO hält die westlichen Diplomaten jedoch nicht davon ab, das Sekretariat heftig zu kritisieren oder die fordernde Haltung der Regierungen der armen Länder in Frage zu stellen.

Die Vertreter der Entwicklungsländer wiederum haben andere Gründe dafür, die UNO offiziell zu unterstützen und ihre rhetorischen Leerformeln zu schätzen. Sie gehören zum größten Teil der führenden Bürgerschicht an. Ihnen geht es somit in erster Linie darum, die Legitimität ihres – häufig nicht sonderlich demokratischen – Regimes und die Unantastbarkeit der nationalen Souveränität zu verteidigen und die Bedingungen zu definieren, zu denen ihre Staaten – ob groß oder klein – an Entscheidungen in internationalen Institutionen mitwirken. Sie sind daher daran interessiert, ihren Regierungen und der Öffentlichkeit ihrer Länder zu beweisen, daß die UNO ihren Interessen dient. Die Verabschiedung von Resolutionen, die eine Ideologie zum Ausdruck bringen, die den Regierungen der armen Länder ein gutes Gewissen verschafft, sie mit dem Nimbus sozialer Fürsorge umgibt und die Politik der westlichen Industriestaaten für all ihre Probleme verantwortlich macht, liegt somit in ihrem ureigensten Interesse.

Zu diesen politischen Gründen kommt ein intellektuell-analytischer. Es ist nämlich äußerst schwierig, die »globale Dimension« der Probleme zu verstehen. Wir sind daran gewöhnt, nationale Probleme zu behandeln, deren wichtigste Daten uns hinreichend bekannt sind und die wir mit Instrumenten analysieren können, die unserer eigenen Kultur entstammen. Auf globaler Ebene besteht dagegen eine ganz andere Situation. Hier erfordert die vertiefte Behandlung von Problemen erhebliche Anstrengungen. Es ist offenkundig einfacher, so zu tun, als könne man diese Probleme mit Hilfe vager Konzepte lösen, die zu nichts verpflichten. All diese Gründe erklären die Realitätsferne der UNO und ihren Hang zur leeren Rhetorik. Dies entspricht freilich nicht der gängigen Erklärung, wie sie vor allem in den westlichen Staaten üblich ist.

3.2 Die offizielle Erklärung für die Schwächen der UNO

Wie wir gesehen haben, sind die meisten Akteure der UNO – die Diplomaten der Staaten des Nordens wie des Südens, aber selbstverständlich auch der Generalsekretär und die Bediensteten des Sekretariats – daran interessiert, die Aktivitäten der Organisation in einem günstigen Licht darzustellen. Durch eine weltumspannende Propaganda, getragen von einer Informationsabteilung, die mit einem relativ hohen Budget ausgestattet ist, soll in der Öffentlichkeit der Eindruck erweckt werden, alle Programme seien gleichermaßen wichtig. Zudem sind die von der UNO herausgegebenen Dokumente natürlich die wichtigste Informationsquelle für Hochschullehrer, die ihren Studenten den komplexen Aufbau der UNO erklären möchten. Da jedoch diese Propaganda häufig übers Ziel hinausschießt, wird sie ergänzt durch die Erläuterung der Schwächen und Mißerfolge der Organisation.

So kommt es, daß in den westlichen Industrieländern viele falsche Vorstellungen über die UNO verbreitet sind. Dazu gehören insbesondere die Meinung, es gebe ein »UN-System«; die Programme der Organisation »verschlängen zu viel Geld«; die »ausufernde UNO-Bürokratie« sei für sämtliche Mißerfolge der Organisation verantwortlich; die unzureichende Sachkompetenz der Bediensteten gewisser Sekretariatsbereiche sei im wesentlichen auf die Quotierungsregeln der geographischen Stellenverteilung zurückzuführen, die die Einstellung zu vieler Mitarbeiter aus Entwicklungsländern (deren Qualifikation nicht mit der des Personals aus den reichen Ländern vergleichbar sei) erzwängen; und schließlich, daß es unabdingbar und auch möglich sei, »Prioritäten« zu setzen.

3.3 Der Mythos von einem »UN-System«

Die meisten Bücher über die UNO enthalten ein Organogramm mit einer Art großer Blüte in der Mitte, deren Zentrum die Generalversammlung und deren Blütenblätter den Sicherheitsrat, den Treuhandrat, den Wirtschafts- und Sozialrat, den Internationalen Gerichtshof und das Sekretariat repräsentieren. Von der Blüte gehen außerdem strahlenförmige Linien aus, die die Abhängigkeit einer Vielzahl kleiner Einheiten von diesem riesigen Zentralorgan anzeigen sollen: die sechs Programme und die 15 als gleichgeordnet dargestellten Sonderorganisationen, wie etwa der Weltpostverein, der Internationale Währungsfonds oder die Weltorganisation für Meteorologie. Diese Gesamtübersicht soll offenkundig den Eindruck erwecken, die große, allmächtige UNO lenke eine Vielzahl kleiner, untergeordneter Organisationen. Eine irreführendere Darstellung der Rolle der UNO und ihrer Beziehungen zu den übrigen Weltorganisationen sowie den, wohlweislich ausgeblendeten, Mitgliedsstaaten ist kaum denkbar.

Kasten X versucht anhand verschiedener Kategorien eine sachgerechtere Darstellung zu geben: die in den Haushalt der Vereinten Nationen einbezogenen Organisationen, die jedoch über ein gewisses Maß an Unabhängigkeit verfügen; die Programme, die gewissermaßen »Ableger« der UNO sind; die großen Sonderorganisationen, deren Befugnisse oftmals über ihren offiziellen Zuständigkeitsbereich hinausgehen und die über eine relativ großzügige Finanz- und Personalausstattung verfügen; die Fachorganisationen, die für eng umschriebene Fachgebiete zuständig sind; die Bretton-Woods-Institutionen, die aufgrund ihrer Befugnisse im wirtschaftlichen Bereich eine sehr viel größere Bedeutung haben als die UNO; schließlich das GATT (das mittlerweile von der Welthandelsorganisation, WTO, abgelöst wurde), das für die Aushandlung von Handelsabkommen zuständig ist.

Abgesehen von den regionalen Wirtschaftskommissionen und der

Kasten XIII. Die Koordinierungsorgane der UNO

Wirtschafts- und Sozialrat (ECOSOC)

Hauptorgan der Vereinten Nationen, dessen Zusammensetzung und Aufgaben in den Kapiteln IX (Art. 55 bis 60) und X (Art. 61 bis 72) der UN-Charta definiert sind. Zählt seit 1973 54 Mitglieder, die für jeweils drei Jahre gewählt werden. Er läßt Untersuchungen über Angelegenheiten auf den Gebieten der Wirtschaft, des Sozialwesens, der Kultur, der Erziehung und der Gesundheit durchführen und gibt Empfehlungen in bezug auf die Menschenrechte. Er ist das wichtigste Organ für die Koordinierung der Aktivitäten der UNO und der Sonderorganisationen.

Beratender Ausschuß für Verwaltungs- und Haushaltsfragen (ACABQ)

Die 16 Mitglieder werden aufgrund ihrer Qualifikation und ihrer Kompetenz ernannt. 1946 von der Generalversammlung eingesetzt. Er prüft die Budgets und die Geschäftsbücher der UNO und der Sonderorganisationen und berät die Generalversammlung in allen Verwaltungs- und Finanzangelegenheiten. Seine Stellungnahme zu den Budgets der Organisationen ist für deren Exekutivräte nicht bindend.

Programm- und Koordinierungsausschuß (CPC)

Besteht aus 34 Mitgliedern, die von der Generalversammlung auf Vorschlag des ECOSOC für drei Jahre gewählt werden. 1962 vom ECOSOC eingesetzt. Prüft die UNO-Programme, wie sie im mittelfristigen Plan ausgewiesen sind, empfiehlt Prioritäten, entwickelt Evaluierungsverfahren, soll unnötige Wiederholungen von Tätigkeiten vermeiden und den ECOSOC bei seinen Koordinationsaufgaben unterstützen. Hierzu prüft er die Programme der Sonderorganisationen innerhalb der einzelnen Bereiche. Er muß mit dem ACABQ und der Gemeinsamen Inspektionsgruppe zusammenarbeiten.

Verwaltungsausschuß für Koordinierung (Administrative Committee on Coordination, ACC)

Besteht aus dem Generalsekretär und den Leitern der Sonderorganisationen, der Internationalen Atomenergie-Organisation (IAEA) und der Bretton-Woods-Institutionen. 1946 von ECOSOC gegründet. Die Leiter der übrigen UN-Organe können an den Ausschußsitzungen teilnehmen. Der ACC soll die Einhaltung der zwischen der UNO und den übrigen Organisationen getroffenen Vereinbarungen überwachen und die Aktivitäten sämtlicher Organisationen koordinieren. Der Ausschuß tritt dreimal jährlich für je zwei Tage zusammen. Er verfügt über ein großes System von Unterausschüssen, das in regelmäßigen Abständen umgestaltet wird und zu dem der Beratungsausschuß für Verwaltungsfragen (CCAQ) gehört.

Beratungsausschuß für Verwaltungsfragen (Consultative Committee on Administrative Questions, CCAQ)

Besteht aus einem Vertreter des Generalsekretärs und Vertretern der Leiter der übrigen Organisationen. Zuständig für die Koordination bei Personal- und Finanzfragen.

Kommission für den internationalen öffentlichen Dienst (International Civil Service Commission, ICSC)

Dieses 1974 gegründete Gremium besteht aus 15 unabhängigen Experten, die von der Generalversammlung gewählt werden. Gibt der Generalversammlung Empfehlungen hinsichtlich der Ausgestaltung und Koordination der Dienstrechtsvorschriften der UNO, der Sonderorganisationen und sämtlicher Organe, die in das gemeinsame »UN-Dienstrechtssystem« (»common system«) einbezogen sind.

Gemeinsame Inspektionsgruppe (Joint Inspection Unit, JIU)

Die 1968 versuchsweise als Inspektionsgruppe gegründete JIU wurde 1978 in eine ständige Einrichtung umgewandelt. Sie besteht aus elf Inspektoren, die über besondere Erfahrungen in Finanz- und Verwaltungsangelegenheiten verfügen sollen, aufgrund ihrer persönlichen Qualifikation berufen und von der Generalversammlung für fünf Jahre gewählt werden (einmalige Wiederwahl möglich). Die Inspektoren haben umfassende Untersuchungsbefugnisse in sämtlichen Angelegenheiten, die sich auf die Effizienz der Dienstleistungen und der angemessenen Verwendung der Finanzmittel beziehen. Sie können Reformen vorschlagen und Empfehlungen zur Verbesserung der Verwaltung und der Koordination machen. Ihre persönlich unterzeichneten Berichte werden den Exekutivorganen der UNO und der übrigen Organisationen zugeleitet (wobei die Leiter der Exekutivorgane zur Stellungnahme verpflichtet sind).*

Resident Co-ordinator des UNDP

Die Leiter der Länderbüros des UNDP sind für die Koordination der Projekte sämtlicher UN-Organe und -Organisationen im Rahmen von »Länderprogrammen« zuständig.

Generaldirektor für Entwicklung

Der Inhaber dieses durch die Resolution 32/197 der Generalversammlung geschaffenen Amtes war für die Koordinierung der wirtschaftlichen und sozialen Aktivitäten der UNO und der Sonderorganisationen zuständig. Das Amt wurde 1992 vom Generalsekretär abgeschafft.

Koordinator für humanitäre Angelegenheiten

1992 geschaffenes Amt. Soll – zumindest dem Anspruch nach – die humanitären Aktivitäten von UNO, UNHCR, WFP, UNICEF usw. koordinieren.

* Der Autor war jahrelang Mitglied dieser Inspektionsgruppe (Anm. d. Lektorats)

UNCTAD, die unmittelbar dem Generalsekretär unterstehen, sind all diese Organisationen und Programme voneinander unabhängig. Die Leiter ihrer Sekretariate sind lediglich gegenüber ihrem Verwaltungsrat (der sie gewählt hat) rechenschaftspflichtig. Und da die Regierungen den Weltorganisationen keine grundlegende Bedeutung beimessen, koordinieren die Mitgliedsstaaten auch in keiner Weise die Politik, für die sie in der FAO, der WHO, dem IMF oder der UNO eintreten. Und auch auf der Ebene dessen, was die UN-Experten so beharrlich das »UN-System« nennen, findet keine Abstimmung statt. Und dies nicht etwa wegen eines Mangels an Vorschlägen oder an Koordinationsorganen, von denen im Laufe der Zeit immer mehr errichtet wurden. Vielmehr führte gerade die beständige Vermehrung der Koordinationsgremien zu immer größerer Komplexität, ohne daß jemals der mindeste Erfolg erzielt worden wäre. Kasten XIII gibt eine kurze Übersicht über die Gremien, die zu Koordinationszwecken ins Leben gerufen wurden. Doch die außergewöhnliche Beharrlichkeit, die sich daraus entnehmen läßt, hat keinerlei Erfolg gebracht. So gibt es beispielsweise weiterhin konkurrierende Programme bei der UNESCO und der UNO im Bereich Wissenschaft und Technologie, bei der FAO und der UNO im Bereich Agrarpolitik, bei der FAO und der UNESCO im Bereich des landwirtschaftlichen Unterrichtswesens; und der Währungsfonds nimmt in den von ihm auferlegten Strukturanpassungsprogrammen weiterhin keinerlei Rücksicht auf die von der Internationalen Arbeitsorganisation ILO und dem Kinderhilfswerk der Vereinten Nationen UNICEF empfohlene Sozialpolitik. Eine Koordination der Entwicklungsprojekte der verschiedenen Organisationen auf Länderebene findet ebenfalls nicht statt, und so weiter. Die einzige wirksame Koordination betrifft die Personalfragen der UNO und der Sonderorganisationen mit Ausnahme der Bretton-Woods-Institutionen, insofern sie in ein »gemeinsames System« der Besoldung, der Dienstgrade und teilweise auch der Führungsrichtlinien integriert sind. Doch die Tatsache, daß es eines schwerfälligen Gefüges ständiger Gremien bedarf, um die Einhaltung dieses Systems zu gewährleisten, zeigt hinreichend deutlich, daß auch in diesem Bereich die Konzertierung der Praktiken keineswegs selbstverständlich ist.

3.4 Die unzureichende Ausstattung mit Finanzmitteln

Die zweite weitverbreitete Fehlannahme ist, die UNO koste ihre Mitgliedsstaaten zu viel Geld und Einsparungen seien unumgänglich, um der Verschwendung von Geldern vorzubeugen. Tatsächlich versteht man das Spiel der politischen Kräfte innerhalb der UNO nur, wenn man sich die Probleme klarmacht, die die Finanzierung der UN-Aktivitäten aufwirft. Es ist gewiß nicht weiter verwunderlich, daß die reichsten Staaten die Beitragszahlungen als Waffe in der ideologischen Auseinandersetzung mit den armen Staaten eingesetzt haben. Der Einsatz dieser Waffe ging einher mit der Ausarbeitung einer Ideologie, die diesen Einsatz rechtfertigen sollte. Gleichwohl sollte man sich das Ausmaß an Heuchelei klarmachen, das auf diese Weise erreicht wurde. Die Situation sieht so aus:

❑ Für die Finanzierung der wirtschaftlichen, sozialen und humanitären Aktivitäten spielen die Mittel aus freiwilligen Zuwendungen eine sehr viel größere Rolle als die Pflichtbeiträge (vgl. Kasten IX, wo die Höhe der Finanzmittel angegeben ist, die der UNO und den Programmen der UNO zur Verfügung stehen: 1,3 Milliarden US-Dollar an Pflichtbeiträgen gegenüber 6 Milliarden US-Dollar an freiwilligen Beiträgen, ohne die Aufwendungen für friedenssichernde Operationen). Dies gibt jenen Staaten, die freiwillige Beitragszahlungen leisten, die Macht, Aktivitäten ihrer Wahl zu finanzieren (und sich somit über die von der Generalversammlung durch die Verabschiedung des Haushaltes gesetzten Prioritäten hinwegzusetzen). Diese Macht wird dazu genutzt, Einfluß auf die Wahl der Leiter insbesondere der von der UNO abhängigen Programme, wie UNDP, UNICEF usw. zu nehmen.

❑ Die Verzögerung der Zahlung von Pflichtbeiträgen und die Zahlungsverweigerung wurden häufig als Drohmittel eingesetzt, um die UNO zur Respektierung bestimmter politischer Einstellungen zu zwingen. Der deutlichste Fall sind die USA, wo der Senat nicht zögerte, sogar die Zahlung der Pflichtbeiträge an Bedingungen zu knüpfen, und so innerstaatliches Recht über völkerrechtliche Vertragspflichten stellte. Das bekannteste Beispiel ist hier das sogenannte »Kassebaum-Amendment« von 1985, das eine Verminderung des US-Beitrages zum UN-Haushalt um 20 Prozent forderte, sofern für Beschlüsse mit finanziellen Auswirkungen nicht ein nach den Beitragsanteilen jedes Mitgliedsstaates gewichtetes Stimmrecht eingeführt werde [38]. 1993 beschloß der Senat, die Zahlung der Beiträge an die Bedingung zu knüpfen, daß der

Generalsekretär das Amt eines Generalinspektors schafft. Doch auch die anderen Staaten setzen, wenn nötig, ähnliche Methoden ein. So haben die UdSSR und Frankreich diese Waffe verwendet, um ihrer Unzufriedenheit mit den Methoden, die Hammarskjöld 1961 im Kongo anwandte, Nachdruck zu verleihen.

❑ Die Mär von den »übermäßigen Kosten« der UNO, die auch eine systematische Kritik am Sekretariat mit einschließt – an dessen bürokratischer Schwerfälligkeit, seiner zu großen Zahl von Bediensteten, die zudem noch größtenteils inkompetent seien (»dürres Holz, das man ausschneiden sollte«), der Nichteinhaltung von Prioritäten usw. –, dient der Rechtfertigung der gerade beschriebenen Praktiken und soll die wirtschaftlichen und sozialen Aktivitäten der UNO in ihrer Gesamtheit beschneiden. Es ist gelungen, die Öffentlichkeit in den reichen Ländern davon zu überzeugen, daß die UNO die Beitragspflichtigen zu viel Geld koste und daß ihre »Bürokratie« ein Musterbeispiel an Verschwendung sei. Das ist schlichtweg falsch: Die finanziellen Zuwendungen an die UNO sind in Anbetracht der ihr übertragenen ehrgeizigen Missionen geradezu lächerlich gering, und die UNO-Bürokratie ist weder besser noch schlechter als die Verwaltung der meisten Einzelstaaten. Übrigens glauben die Diplomaten, einschließlich derjenigen aus den Entwicklungsländern, selbst nicht mehr an die Propaganda, die sie verbreiten. Vielmehr ist es gerade so, daß sich die meisten sektoralen Programme aufgrund der extrem angespannten Finanzlage keine konkreten Ziele von einiger Bedeutung mehr setzen können. Und wie wir später noch sehen werden, ist die Höhe der für die multilaterale technische Zusammenarbeit bereitgestellten Mittel, gemessen am Ausmaß der Probleme, extrem niedrig, ja geradezu lächerlich.

3.5 Die komplexe Struktur der UNO

Die dritte Fehlannahme, die in den Industriestaaten weit verbreitet ist, konkretisiert sich in dem Vorwurf, die »UNO-Bürokratie« wuchere unkontrolliert vor sich hin und sei für sämtliche Mißerfolge der Organisation verantwortlich. Tatsächlich spiegelt sich in der Struktur des Sekretariats lediglich die komplexe Struktur der zwischenstaatlichen Ausschüsse wider. Diese wurden jedoch von den Mitgliedsstaaten gegründet, und ihre komplexe Struktur, die das Ergebnis ihrer historischen Anhäufung ist, wurde nie rationalisiert, weil die Regierungen dies nicht wollten. Tatsächlich ist die starke Zunahme der Ausschüsse als solche nichts Schlechtes, denn die Zahl und die Komplexität der zu behandelnden Probleme erfordern die Existenz zahlreicher Begegnungsstätten und Foren des Gedankenaustauschs. Eine rationelle Struktur würde (unter Berücksichtigung des Systems der Vertretung, das jedem Staat eine Stimme gibt) folglich je Programm zwangsläufig mindestens einen zwischenstaatlichen oder Sachverständigenausschuß, ein Lenkungsorgan nach dem Muster eines Verwaltungsrates oder eines Exekutivausschusses (mit begrenzter Mitgliederzahl) und schließlich eine sämtliche Probleme überwachende Generalversammlung aus Vertretern aller Mitgliedsstaaten umfassen. Diese Struktur wäre also vergleichbar mit dem Aufbau der meisten Sonderorganisationen.

Daß die UNO eine sehr viel komplexere Struktur aufweist, hat historische, aber keineswegs rationale Gründe (vgl. die Kästen X und XI). Diese Struktur zeichnet sich durch eine Vielzahl von Zentralorganen aus, was zur Folge hat, daß entweder bestimmte Arbeiten unnötigerweise mehrfach ausgeführt werden oder eine nicht sachgerechte Trennung von Aufgaben erfolgt. Hier lassen sich folgende Beispiele anführen:

❑ *Die Dichotomie ECOSOC–UNCTAD:* Der Wirtschafts- und Sozialrat ECOSOC, der ursprünglich aus 18 Mitgliedern bestand, wurde 1965 auf 27 und 1973 auf 54 Mitglieder vergrößert. Gemäß Kapitel X (Art. 61 bis 72) der UN-Charta sollte er das Hauptorgan der Organisation sein, das »über internationale Angelegenheiten auf den Gebieten der Wirtschaft, des Sozialwesens, der Kultur, der Erziehung, der Gesundheit und auf verwandten Gebieten Untersuchungen und Berichte erarbeitet oder veranlaßt«, »die Tätigkeit der Sonderorganisationen koordiniert« usw. Als dann 1964 im Rahmen der UNO die Konferenz der Vereinten Nationen für Handel und Entwicklung UNCTAD gegründet wurde, schuf man damit ein zweites Hauptorgan, das praktisch mit denselben Problemen befaßt wurde. Der Rat für Handel und Entwicklung als ständiges Organ der UNCTAD steht somit in einem Konkurrenzverhältnis zum ECOSOC, während sich die alle vier Jahre stattfindenden Plenarkonferenzen der UNCTAD mit den gleichen Aufgaben beschäftigen wie die Generalversammlung.

Die Gründung der UNCTAD war historisch und politisch motiviert: Die erst unlängst in die staatliche Unabhängigkeit entlassenen Entwicklungsländer wollten über ein Organ verfügen, das ihre Interessen besser vertritt und dessen Sekretariat ihre Besorgnisse im Hinblick auf die Regeln des Welthandels stärker zur Geltung bringt als das Sekretariat des

ECOSOC. Dennoch befassen sich die beiden Organe mit denselben Problemen, wenn auch aus verschiedenen Blickwinkeln, und die beiden Jahresberichte ihrer jeweiligen Sekretariate über die Weltwirtschaftslage – die *Untersuchung zur Lage der Weltwirtschaft* des ECOSOC und der *Bericht über Handel und Entwicklung* der UNCTAD – sind doppelte Arbeit.

❑ *Die Doppelung ECOSOC – Zweiter und Dritter Ausschuß der Generalversammlung:* Der ECOSOC hätte eine nützliche Rolle spielen und die Arbeit der Generalversammlung vereinfachen können, wenn er an einer begrenzten Mitgliederzahl festgehalten und als eine Art Exekutivrat der UNO fungiert hätte. Da in ihm jedoch ein Drittel der Mitgliedsstaaten vertreten sind, er nur zweimal jährlich zu Sitzungen zusammentritt und seine Arbeitsmethoden (allgemeine Aussprache, Vorbereitung von Resolutionen) die gleichen sind wie die der Generalversammlung, übt er genau dieselben Tätigkeiten aus wie der Zweite und der Dritte Ausschuß der Generalversammlung. Es wurde wiederholt vorgeschlagen zur Beseitigung dieser unnötigen Doppelarbeit den ECOSOC für sämtliche Mitgliedsstaaten zu öffnen und dementsprechend den Zweiten und Dritten Ausschuß der Generalversammlung abzuschaffen. Aber obgleich dieser Vorschlag äußerst zweckmäßig ist, hat er offenbar keine Chance, umgesetzt zu werden.

❑ *Daß die Kontrolle der Programmhaushalte zwischen einem Sachverständigenausschuß (Finanzen) und einem zwischenstaatlichen Ausschuß (Programminhalt) abgespalten ist,* hat ebenfalls historische Gründe, ist jedoch nicht gerechtfertigt. Die Generalversammlung hatte bereits 1946 einen Sachverständigenausschuß eingesetzt, der ihr bei der Haushaltsprüfung helfen und Stellungnahmen zu Finanzfragen ausarbeiten sollte. Der Beratende Ausschuß für Verwaltungs- und Haushaltsfragen (ACABQ) sollte ursprünglich vor allem die Ausgaben der Organisation so weit wie möglich senken und wurde faktisch von den »größten Beitragszahlern« beherrscht. Doch die ersten Haushalte der Organisation waren zwangsläufig Ausgabenbudgets (Personal, Ausrüstungsgüter, Investitionen usw.), die lediglich sehr knappe Angaben über die Programme enthielten. Als sich dann die Mitgliedsstaaten zunehmend für Art und Inhalt der Programme und für die Überwachung ihrer Durchführung interessierten, wurde ein neuer Ausschuß mit ihrer Prüfung beauftragt: der 1962 vom ECOSOC geschaffene Programm- und Koordinierungsausschuß (CPC). Die Trennung der Haushaltsprüfung von der Programmaufsicht ist sachlich völlig unzweckmäßig. Seitdem jedoch die UNO (seit 1973) die Kosten nach Programmhaushalten aufschlüsselt, grenzt diese Verdoppelung ans Absurde. Dennoch konnte diese – oft kritisierte – Situation bislang nicht geändert werden. [42]

❑ *Die Existenz eines der UNO angegliederten Welternährungsrates (World Food Council, WFC)*, der mit den zuständigen Organen der FAO in einem Konkurrenzverhältnis steht, ist ein weiteres Beispiel für die tiefsitzende Gewohnheit, jedesmal, wenn sich ein scheinbar neues Problem stellt, einen neuen Ausschuß oder Rat ins Leben zu rufen. In diesem Fall handelt es sich um eine Hinterlassenschaft der 1974 abgehaltenen Welternährungskonferenz, die ebenfalls den Ausschuß für Nahrungspolitik und -programme (CFA) und den Internationalen Fonds für landwirtschaftliche Entwicklung (IFAD) eingesetzt hat und auf diese Weise, ohne wichtigen Grund und ohne eine ernsthafte Analyse der Probleme, die Zuständigkeiten für die internationale Agrarpolitik unnötigerweise zersplitterte.

❑ *Das Fehlen einer zentralen Koordinierungsinstanz für sämtliche Entwicklungsaktivitäten:* Die Dichotomie ECOSOC–UNCTAD wird verstärkt durch eine Vielzahl zwischenstaatlicher Organe, die die Aktivitäten im Bereich Entwicklungshilfe steuern sollen. Die multilaterale Hilfe, die bereits aufgrund der Tatsache, daß jede Sonderorganisation ihr eigenes Programm hat, zersplittert ist, wird noch weiter fragmentiert, weil die UNO ihre Beiträge zu den Spezialprogrammen nach Tätigkeitsbereichen vergibt (Bevölkerung, Kinder, Landwirtschaft, Nahrungsmittelhilfe usw.). Nun hat jedoch jedes dieser Organe mit Ausnahme des Bevölkerungsfonds, der vom Verwaltungsrat des UNDP geleitet wird, einen eigenen Verwaltungsrat. Der oft geäußerte Vorschlag, diese Verwaltungsräte zwecks besserer Koordination zusammenzulegen, wurde bislang nicht akzeptiert.

❑ Das letzte Beispiel für überflüssige Doppelarbeit liefert schließlich die im Gefolge der Konferenz über Umwelt und Entwicklung von Juni 1992 in Rio de Janeiro eingesetzte Kommission für dauerhafte Entwicklung, die sich zu den zahlreichen Organen, die sich bereits mit Entwicklung und Umwelt beschäftigen, hinzugesellt hat.

Diese unnötige Komplexität spiegelt sich auch in der Struktur des Sekretariats wider. Sie führt zu einem vagen und in fortwährender Umgestaltung begriffenen Organogramm, zu einer ineffizienten Beziehung zwischen der UNO und ihren »Ablegern«, zu mangelnder Koordination und dazu, daß keine Schaltzentrale für Konzeption und (Zukunfts-)Forschung existiert, die die Weltorganisation so dringend bräuchte.

3.6 *Die Eigenart der Personalstruktur*

Die Meinung, die UNO besitze eine wild wuchernde Bürokratie, steht in engem Zusammenhang mit der Ansicht, die Inkompetenz eines Teils der Bediensteten des Sekretariats sei auf die »geographische Quotierung« zurückzuführen, die die Verantwortlichen dazu zwinge, zu viele Bedienstete aus Entwicklungsländern einzustellen. Tatsächlich gibt es im UN-Dienstrecht eine Vorschrift, die jedem Land eine bestimmte Zahl von UN-Bediensteten zuweist. Diese Quote wird nach einer komplizierten Formel berechnet, in die die Dauer der Mitgliedschaft in der Organisation, die Bevölkerungszahl und die Höhe der Beitragszahlungen eingehen. Und jede Regierung wacht eifersüchtig über die Einhaltung dieser Vorschrift. Doch der von den westlichen Industriestaaten erhobene Vorwurf, die unzureichende fachliche Qualifikation der Bediensteten aus den Entwicklungsländern sei der Grund für die mangelnde Kompetenz in bestimmten Sektoren, entbehrt jeglicher Grundlage. Die Lage stellt sich vielmehr folgendermaßen dar:

❑ Die Personalprobleme der UNO rühren daher, daß sich zwei Beamtenapparate überlagern: derjenige, der den Außenministerien der Mitgliedsländer untersteht, und derjenige des internationalen Sekretariats. Die nach New York entsandten Diplomaten, und nicht etwa der Generalsekretär, sind die eigentlichen Herren des Sekretariats. Sie legen im Fünften Ausschuß der Generalversammlung, der sich mit Verwaltungs- und Finanzangelegenheiten befaßt, die Gehaltsskala und die Stellenanforderungen fest. Dabei sind sie häufig gleichzeitig Bewerber um Ämter innerhalb des Sekretariats, vor allem natürlich für höhere Posten. Allgemeiner gesprochen, streben die einzelnen Delegationen danach, möglichst hohe Ämter innerhalb des Sekretariats mit eigenen Vertretern zu besetzen, und sie unterstützen deshalb die Bewerbungen ihrer Kandidaten unter Verweis auf die Quoten.

❑ Die durchschnittliche akademische Qualifikation sämtlicher UNO-Bediensteten ist völlig unzureichend. So heißt es in einem Bericht der Gemeinsamen Inspektionsgruppe der Vereinten Nationen vom Dezember 1985 [54], daß »25 Prozent der Administratoren – das sind höhere Beamte, die Konzeptions-, Verwaltungs-, Forschungs- und Redaktionsaufgaben wahrnehmen – kein Universitätsstudium absolviert haben und daß 10 Prozent ihren Abschluß bereits nach einem Studium von weniger als drei Jahren gemacht haben«; »auf der Ebene der Direktoren (Dienstgrade D1 und D2) ist der Prozentsatz der Beamten ohne Universitätsabschluß etwa gleich hoch«; schließlich »hängen das Verantwortungsgefühl und die Verwaltungs- und analytischen Fähigkeiten auf den höheren Dienstebenen (Direktor, Untergeneralsekretär, beigeordneter Generalsekretär) völlig vom Zufall der Ernennungen ab, die allzuoft ohne Berücksichtigung der Qualifikationen oder der Berufs- bzw. Verwaltungserfahrung erfolgen«. Dies betrifft jedoch alle Nationalitäten. Und der Bericht fügt hinzu: »Da die notwendigen Einstellungs- und Zugangsvoraussetzungen für die höchsten Ämter nicht definiert werden, da der Leistungsfähigkeit und der fachlichen Eignung so wenig Beachtung geschenkt wird und da ein berufsbegleitendes Ausbildungssystem fehlt, entsteht ein miserables Arbeitsklima, in dem selbst die fähigsten Arbeitskräfte die Motivation verlieren, sich mit ganzer Kraft ihrer Aufgabe zu widmen.«

❑ Trotz zahlreicher Resolutionen, die auf Art. 101 Abs. 3 der UN-Charta Bezug nehmen, in dem es heißt, daß bei der »Einstellung der Bediensteten... ein Höchstmaß an Leistungsfähigkeit, fachlicher Eignung und Ehrenhaftigkeit zu gewährleisten [sei]«, haben die Delegationen der Mitgliedsstaaten kein wirkliches Interesse an der Qualität des Personals. Obgleich die oben geschilderte Situation regelmäßig kritisiert worden ist, insbesondere von den zahlreichen Ausschüssen, die eigens zur Erarbeitung von Vorschlägen zur Reform der UNO eingesetzt wurden (vgl. Kapitel 5), ist niemals eine verbindliche Personalpolitik definiert worden, und zwar weder hinsichtlich der Personaleinstellung noch im Hinblick auf die Laufbahnplanung oder die Ausbildung. Die wenigen Versuche, junge Administratoren nach nationalen Auswahlkriterien auszuwählen, wurden nicht mit sonderlichem Enthusiasmus betrieben, und das Sekretariat hat alles unternommen, um irgendwelche praktischen Auswirkungen zu verhindern. Es war nicht möglich, für die Besetzung höherer Ämter strengere Maßstäbe einzuführen; kein Ausbildungsprojekt hat jemals greifbare Ergebnisse gezeitigt; und die Laufbahnen der Administratoren werden stärker von ihren persönlichen Beziehungen als von ihren Qualifikationen beeinflußt.

❑ Schließlich hat der Ost-West-Gegensatz die westlichen Staaten aus ideologischen Gründen dazu veranlaßt, auf der »Unabhängigkeit des internationalen öffentlichen Dienstes« zu bestehen, was zwangsläufig zu einer enormen Heuchelei geführt hat. Denn die sozialistischen Staaten haben von jeher den Standpunkt vertreten, daß das internationale Sekretariat aus nationalen Beamten bestehen müsse, die für eine gewisse Zeit an die Organisation »ausgeliehen« würden. Daher haben die

UdSSR und die übrigen Ostblock-Staaten bis Ende der 80er Jahre ihre Beamten immer nur für eine begrenzte Zeit an das Sekretariat abgeordnet, und sie haben sich immer gegen »Dauerverträge« und internationale Laufbahnen gewandt. Dieser zynische, aber offene Standpunkt, der ihnen erlaubte, die Aktivitäten ihrer Bediensteten genau zu überwachen, wurde von den westlichen Diplomaten aufs schärfste kritisiert. Obwohl gerade die US-Regierung die politische Meinungsfreiheit ihrer eigenen Beamten stark einschränkte, während der »McCarthy-Ära« sogar FBI-Beamte im UNO-Gebäude postierte und vom damaligen Generalsekretär, Trygve Lie, die Entlassung von Beamten forderte, die als Sympathisanten des Kommunismus verdächtigt wurden, wurde die »Unabhängigkeit des internationalen öffentlichen Dienstes« zu einem propagandistischen »Dauerbrenner« der westlichen Staaten. Man hielt es offenbar für wichtiger, sich ideologische Grabenkämpfe zu liefern, als ein Mindestmaß an fachlicher Eignung des Personals sicherzustellen.

❑ Aufgrund dieser Situation war es nicht möglich, das dringend benötigte leistungsfähige Instrumentarium der Analyse und des Managements zu schaffen. Gewiß gibt es im Sekretariat einige qualifizierte Volkswirte, Juristen, Statistiker und Demographen sowie kompetente und engagierte Administratoren. Doch die fähigsten Arbeitskräfte sind auf allen hierarchischen Ebenen mit den Problemen konfrontiert, die die Inkompetenz zahlreicher Kollegen, die mangelnde fachübergreifende Zusammenarbeit, das Fehlen eines geeigneten Systems der Laufbahnentwicklung und die politische Einflußnahme auf Beförderungen aufwerfen. Die Mitgliedsstaaten haben der UNO nicht die Mittel an die Hand gegeben, ein glaubwürdiges Sekretariat aufzubauen, dessen überragende fachliche Eignung und Einheitlichkeit in allen Bereichen anerkannt würde.

3.7 Prioritäten setzen?

Die Ansicht, die UNO müsse »Prioritäten setzen«, erfreut sich sowohl in der Öffentlichkeit als auch unter Diplomaten großer Beliebtheit, weil jeder mit einer gewissen Naivität meint, die UNO solle sich nur mit Problemen befassen, die ihm wichtig erscheinen. Der Begriff »Prioritäten«, der nach Ansicht derer, die ihn benutzen, bedeutet, daß »man die vorhandenen Ressourcen auf einige klug ausgewählte Ziele konzentriert, um in einer begrenzten Zahl von Bereichen mehr Effizienz zu

[Fortsetzung auf Seite 97]

Kasten XIV. Die Aktivitäten der einzelnen Ämter

(Auszug aus dem Bericht A/40/988 der Gemeinsamen Inspektionsgruppe vom 6. Dezember 1985)

Bei den Aktivitäten der Amtssitze »handelt es sich im wesentlichen um Studien und Untersuchungen, die zur Erstellung von Schriftstücken, Berichten und Publikationen führen. Sie befassen sich innerhalb der einzelnen Sektoren mit der Aufdekkung von Problemen, der Definition von Grundsätzen und Kriterien, der Gewinnung und Verteilung von Informationen und lassen sich oftmals nur schwer von den unterstützenden Aktivitäten für Projekte vor Ort, für Diskussionen und Verhandlungen trennen. [...] Ihre ›Produkte‹ sind die Grundelemente für ›Programme‹, die in den Programmhaushalten bzw., sofern vorhanden, den mittelfristigen Plänen beschrieben werden.

Diese Programme enthalten in dem verschieden großen, aber immer wichtigen Teil, der Entwicklungsprobleme betrifft, hauptsächlich Empfehlungen an die Entwicklungsländer zu konkreten technischen Problemen:

– ›die Mitgliedsstaaten über die rationellsten Methoden zur Steigerung des Ernteertrags durch Einsatz von Isotopen- und Strahlungstechniken unterrichten und ihnen bei der Anwendung helfen‹ (Haushaltsplan der Internationalen Atomenergiebehörde);

– ›den Mitgliedsstaaten helfen, die Ernährungslage ihrer Bevölkerung zu verbessern‹ (Haushaltsplan der FAO);

– ›den Mitgliedsstaaten helfen, die für die Durchführung der Entwicklungsprojekte erforderlichen Finanz- und Humanressourcen zu beschaffen‹ (mittelfristiger Plan der UNESCO, Ziffer 8033);

– ›effiziente Methoden für die Planung menschlicher Siedlungen, Behörden und institutioneller Verfahren in Stadt- und Landgemeinden entwickeln und fördern‹ (UNO, mittelfristiger Plan, 1984–1989, Ziffer 1417).

Die Programmhaushalte und die Pläne sämtlicher Organisationen beschreiben die wichtigsten Aktivitäten der Amtssitze fast ausschließlich in diesen hochtrabenden, monotonen Wendungen, die offenbar den Eindruck erwecken sollen, daß die mit diesen Problemen befaßten Dienststellen in den betreffenden Bereichen über ein außergewöhnliches Maß an Sachkunde und Befähigung verfügen.

Dies bedeutet, daß in den Büros in New York, Genf, Wien, Paris, Rom und anderen Hauptstädten zwei oder drei Administratoren (deren Qualifikation und fachliche Eignung sehr unterschiedlich sein können) über jeden dieser Programmpunkte Berichte anfertigen, die an ein zwischenstaatliches Organ und

im besten Fall an eine Reihe von Verbindungspersonen in den betreffenden nationalen Behörden weitergeleitet werden; oder daß sie sporadisch Ausbildungslehrgänge für einige -zig Personen abhalten. Manchmal dienen diese Aktivitäten auch zur Vorbereitung einer internationalen Konferenz, für die eine Dokumentation erarbeitet wird und an der Vertreter der nationalen Behörden teilnehmen.
Da kein zuverlässiges Evaluierungssystem vorhanden ist, läßt sich nicht sagen, ob diese unzähligen sektorialen Aktivitäten einen echten Einfluß auf die Angleichung der Vorschriften und auf die Definition der Politik der Mitgliedsstaaten ausüben.«

Die »rhetorischen Leerformeln«

(Auszug aus dem Bericht JIU REP 85/9 der Gemeinsamen Inspektionsgruppe vom Dezember 1985)
»Realitätsferne und Wortgeklingel beschränken sich nicht auf die Texte von Chartas und Verfassungen. Auch im Leben der Organisationen spielen sie ständig eine entscheidende Rolle. [...] Das Wortgeklingel erfüllt zwei verschiedene Funktionen, die jedoch beide dem Image und der Effizienz der UNO abträglich sind.

Die erste Funktion besteht darin, mittels feierlicher Beschwörungen zu verschleiern, daß man nicht zu einer Einigung gelangt ist [...] Der ›verbale Konsens‹ tritt so an die Stelle der wirklichen Erörterung der Probleme und Interessengegensätze. Diese Funktion wird von den Absätzen der Resolutionen erfüllt, die hehre Grundsätze oder Binsenwahrheiten zum Ausdruck bringen, denen man sich um so leichter anschließen kann, als sich daraus keinerlei praktische Konsequenzen ergeben. [...] Ein Beispiel für eine Formulierung dieses Typs findet sich in Paragraph 12 der letzten ›Internationalen Entwicklungsstrategie‹, die den Regierungen der Mitgliedsstaaten empfiehlt, unverzüglich ›dem Kolonialismus, Imperialismus, Neokolonialismus, der Einmischung in die inneren Angelegenheiten anderer Staaten, der Apartheid, der Rassendiskriminierung, dem Streben nach Vorherrschaft, dem Expansionismus und sämtlichen Formen der Aggression und der Besatzung, die Haupthindernisse für die Emanzipation und die Entwicklung der Entwicklungsländer darstellen‹, ein Ende zu setzen.
Für die zweite Funktion des Wortgeklingels, die vermutlich noch schädlicher ist, findet man zahlreiche Beispiele in den Planungs- und Programmdokumenten. So heißt es beispielsweise im mittelfristigen Plan der UNO für den Zeitraum 1984–1989, daß die Ziele des Programms für öffentliche Verwaltung darin bestünden, ›die Zusammenarbeit zwischen den Entwicklungsländern zu verstärken und auszubauen, um den Beamten der öffentlichen Verwaltung eine effizientere Erledigung ihrer Aufgaben zu ermög-

lichen‹. Bei einer genaueren Prüfung dieses Programmes erkennt man freilich, daß sich die ›Ausbeute‹ dieser ehrgeizigen Zielsetzungen im wesentlichen auf einige relativ belanglose Publikationen, die ihre Adressaten nicht erreichen und nicht öffentlich verkauft werden, auf einige Tagungen, die nichts mit den Verwaltungsproblemen der betreffenden Länder zu tun haben, sowie auf einige kleine, wenig effiziente Projekte beschränkt. Man kann sich folglich fragen, ob diese Art von Programmen irgendeinen Realitätsbezug aufweisen.

Unter Ziffer 2416 in Kapitel 24 desselben mittelfristigen Plans liest man weiter, daß das Programm für Verkehrsförderung ›die Engpässe und Defizite der Entwicklungsländer im Verkehrsbereich beseitigen‹, ›die wichtigsten Probleme identifizieren und die Zusammenarbeit und Koordination innerhalb des Systems der Vereinten Nationen fördern und ausbauen, eine Bestandsaufnahme der von den Regierungen erzielten Fortschritte machen, Informationen über neue Verkehrstechnologien und über die institutionellen Aspekte von weltweiter Bedeutung verbreiten, Berichte erstellen und eingehende Untersuchungen durchführen, in regelmäßigen Abständen die Bedürfnisse der am wenigsten entwickelten Länder prüfen soll usw.‹ Nun verfügt jedoch das mit diesen Aufgaben betraute Sekretariatsreferat nur über einen Administrator. Man stellt sich daher zwangsläufig die Frage, was diese absolut realitätsfernen Verlautbarungen eigentlich für einen Sinn haben sollen.«

Die Dokumentationen des Wirtschafts- und Sozialrates (ECOSOC)

(Auszug aus dem Bericht JIU/REP/84/7 der Gemeinsamen Inspektionsgruppe von 1984)

»Sowohl im Sekretariat als auch bei den Mitgliedern der Delegationen entstehen Mißverständnisse und Frustrationen. Die unterschiedlichen Bewertungen der politischen Lage veranlassen die Bediensteten in vielen Fällen zu einer Selbstzensur, die weder für die Weiterleitung von Informationen noch für die Entfaltung von Eigeninitiative noch für konstruktive Vorschläge förderlich ist. Die Mitglieder der Delegationen wiederum müssen sich zu oft mit unzureichenden und viel zu umfangreichen Dokumentationen auseinandersetzen, die ihnen verspätet ausgehändigt werden und die nicht das enthalten, was sie eigentlich brauchen. So fordern sie viel zu kurzfristig neue Berichte an, obwohl sie sonst eine Verringerung des Informationsmaterials verlangen.

Die im Wirtschafts- und Sozialrat verteilten Berichte liefern ein besonders anschauliches Beispiel für diese Schwierigkeiten und Widersprüche. Denn nicht nur die Menge der Informationsunterlagen hat sich trotz wiederholter Bitten nach einer Reduktion nicht vermindert (so wurden dem Wirtschafts- und Sozialrat beispielsweise vor den beiden Sitzungen des Jahres 1983 Berichte mit einem Gesamtumfang von 4000 Seiten zugeleitet), sondern auch ihre Präsentation hat sich trotz Resolutionen, die eine prägnante Präsentation und Redaktion der Zusammenfassungen fordern, nicht verbessert. Sie werden noch immer so spät zugestellt, daß zahlreiche Berichte in der Aussprache nicht berücksichtigt werden können.«

erzielen, statt sich unnötig zu verzetteln«, beruht auf einem Mißverständnis. Um zwischen verschiedenen Zielen wählen zu können, müßte man sich über die Notwendigkeit einig sein, gemeinsam bestimmte Erfolge zu erzielen. Aufgrund divergierender Interessenlagen bei armen und reichen Ländern, gegensätzlicher politischer Grundüberzeugungen im Westen, Osten und Süden des Globus, spezifischer Präferenzen einzelner Delegationen und der grundlegenden Schwierigkeit, die globale Dimension der Probleme zu meistern, gibt es jedoch keinen derartigen Konsens oder jedenfalls nur einen sehr labilen, dessen Ausmaß zudem von Bereich zu Bereich stark schwankt. In den meisten Fällen wäre daher das Bemühen um ein Mindestmaß an Übereinstimmung das einzig mögliche Ziel, nach dem die UNO streben könnte. Doch man hat es vorgezogen, sich nicht diese Mühe zu geben. Die reichen Länder hielten es nicht für zweckmäßig, sich heftig dagegen zu wehren, daß unterschiedlichste Fragen auf die Tagesordnung gesetzt oder neue Programme beschlossen wurden, sofern man sich nur damit begnügte, für ihre hochgesteckten Ziele lächerlich niedrige Finanzmittel bereitzustellen (vgl. das Beispiel des Verkehrsprogramms in Kasten XIV). Gleichzeitig forderten die betroffenen zwischenstaatlichen Ausschüsse selbstverständlich weiterhin die Festsetzung von Prioritäten und die Einstellung ausgelaufener oder redundanter Programme. Und auf Vorschlag der Gemeinsamen Inspektionsgruppe fand sich die Generalversammlung sogar dazu bereit, Programme methodischer zu erstellen und ihre Durchführung effektiver zu kontrollieren.

Dieses aufwendige Unternehmen wurde Anfang der siebziger Jahre in Angriff genommen und bestand darin, die nach Aufwandsposten untergliederten Jahreshaushalte der Organisation durch zweijährige Programmhaushalte abzulösen und dann mittelfristige Sechsjahrespläne zu erstellen. Dies hätte eigentlich die Definition klarer Ziele innerhalb festgelegter Fristen und die Überprüfung ihrer Folgen erlauben müssen. Es wurden Vorschriften erlassen, um den Begriff des »Zieles« zu definieren, Durchführungsfristen festzulegen, verschiedene Programmebenen einzuführen – Hauptprogramme, Programme, Unterprogramme –, um den Aufbau des mittelfristigen Plans und die Darbietung des Inhaltes zu definieren, um ein annehmbares und klares Format für die Programmhaushalte festzulegen, um die Methoden zur Überprüfung der Durchführung und zur Evaluierung der erzielten Ergebnisse zu beschreiben, kurz, um Ordnung in die Arbeitsmethoden zu bringen, eine gründliche gedankliche Aufbereitung zu fördern und die Bestrebungen der Organisation ein wenig realistischer zu gestalten.

Alle diese Anstrengungen waren jedoch so gut wie vergeblich. Auch wenn formelle Fortschritte erzielt wurden, herrschen doch nach wie vor Wortgeklingel und sprachliche Ungenauigkeit. Die Zielsetzungen sind noch immer vage und wirklichkeitsfremd. An einer Überprüfung der Plandurchführung war den Delegationen nicht gelegen. Es gab nur wenige Evaluierungen, die zudem als wertlos abgetan wurden, wenn sie gründlich und gewissenhaft durchgeführt worden waren, und sie haben nicht zu einer Verbesserung der Arbeitsmethoden geführt. Auch die Prioritäten wurden nicht besser definiert. Diese Sachlage ist letztlich ganz offenkundig auf die Struktur der Organisation und das faktische Desinteresse der Mitgliedsstaaten an den meisten dieser Aktivitäten zurückzuführen.

3.8 Die Leistungen der UNO im wirtschaftlichen, sozialen und humanitären Bereich

Das beschriebene Klima der Realitätsferne, die unzweckmäßige Komplexität ihrer Struktur, die Machtkämpfe und die ideologische Propaganda könnten den Eindruck erwecken, die UNO sei im wirtschaftlichen, sozialen und humanitären Bereich eine überflüssige und ineffiziente Organisation. Doch dies wäre ein ungerechtes Urteil. Die UNO leistet durchaus auch einige gute Dienste. Doch der Nutzen und die Wirksamkeit ihrer Aktivitäten in diesen Bereichen schwanken sehr. Dieser Hort der Realitätsferne und der Propagandafeldzüge bringt durchaus Aktivitäten hervor, die gewisse Wirkungen erzielten oder noch immer erzielen. Dagegen ist es fraglich, ob diese Wirkungen immer positiv gewesen sind und ob die erzielten Resultate davor gefeit waren, von den mächtigsten Staaten ideologisiert zu werden.

3.9 *Der politische Dialog*

Ein Weltforum hat definitionsgemäß eine universelle Aufgabe; es ist zwangsläufig ein Ort ideologischer Auseinandersetzungen, und die UNO diente tatsächlich als Bühne für die Verbreitung propagandistischer Ansichten aller Couleur und über alle erdenklichen Fragen. Dennoch fand eine Auslese statt; nur einige Themen wurden ernsthaft erörtert und behandelt, da sich die UNO auf die Nord-Süd-Beziehungen spezialisiert hat. Der Ost-West-Gegensatz, der die Geschichte der UNO als Hüterin der internationalen Sicherheit prägte, wurde nicht von einer umfassenden Diskussion zwischen Sozialismus und Kapitalismus begleitet. West und Ost haben im Gegenteil bei einigen wichtigen Fragen Übereinstimmung erzielt, etwa bei der Begrenzung der UNO-Befugnisse im wirtschaftlichen und sozialen Bereich und bei der Verringerung der Ausgaben. Es gab zwar gewisse Meinungsverschiedenheiten im Bereich der Menschenrechte und darüber, wie die Entwicklungsprobleme angegangen werden sollten, doch hat die Ost-West-Blockade bei der Auswahl der Gesprächsthemen keine wesentliche Rolle gespielt.

Nur die Themengebiete Entkolonialisierung, Nord-Süd-Dialog, Entwicklung und Handel, Menschenrechte, internationales Recht (einschließlich einiger unter der Bezeichnung »Abrüstung« behandelter Fragen über Rüstungsbegrenzung), Bevölkerung und Umwelt wurden mit einer gewissen Stetigkeit behandelt. Den USA und den übrigen westlichen Staaten ging es vor allem darum, durch die Definition einer Menschenrechtsdoktrin, die die bürgerlichen und politischen Rechte in den Vordergrund stellte (obgleich man grundsätzlich auch die »wirtschaftlichen und sozialen Rechte« einforderte), die Ideologie des Liberalismus zu verbreiten und um die Kodifizierung und die »Fortentwicklung« des Völkerrechts, um so die bestehende Weltordnung zu stabilisieren. Die reichen Staaten haben darüber hinaus (aufgrund des besorgniserregend raschen Wachstums der armen Bevölkerungsschichten in der Dritten Welt) die Entwicklung von Bevölkerungsprogrammen und, in jüngster Zeit, (aufgrund der Rolle der armen Länder als Drogenlieferanten) von Drogenbekämpfungs- und Umweltprogrammen (da die Industrialisierung der armen Länder zu schwerwiegenden Umweltzerstörungen führen kann) gefördert.

Den armen Ländern wiederum ging es begreiflicherweise vor allem um die Durchsetzung besserer Bedingungen für ihre Entwicklung. Da die neu aufgenommenen Mitglieder (aus der Dritten Welt) seit den sechziger Jahren die Mehrheit in der Generalversammlung stellten, stand dieser Bereich unter der Bezeichnung »Nord-Süd-Dialog« im Mittelpunkt der Aussprache. Dieser Dialog, an den beide Seiten mit einer gewissen Doppelzüngigkeit herangingen, war um so diffiziler, als er sich auf mehrere Theorien der Entwicklung stützte, die nur einen entfernten Bezug zu den wirklichen Problemen aufwiesen. Daher ist es nicht verwunderlich, daß dieser Dialog nur zu realitätsfremden Formelkompromissen führte, die sein tatsächliches Scheitern nicht verbergen konnten.

Dieser Dialog zwischen reichen und armen Ländern war in keiner Weise mit einer Aussprache vergleichbar, die sich in einem »Weltparlament« entwickeln könnte, in dem die Interessen und Forderungen der Völker direkt von gewählten Vertretern geltend gemacht würden. Es handelte sich vielmehr um einen Dialog zwischen Diplomaten, die die Interessen ihrer jeweiligen Regierungen zu vertreten hatten. Folglich prangerten die Diplomaten aus den Entwicklungsländern den Kolonialismus der Vergangenheit bzw. den gegenwärtigen Neokolonialismus an, und sie legten sich eine Argumentation zurecht, die die Forderungen ihrer Regierungen und nicht etwa die ihrer Völker unterstützten. Diese Forderungen führten dazu, daß zu Beginn der siebziger Jahre umfangreiche und ehrgeizige Resolutionen verabschiedet wurden, unter anderem über die Errichtung einer Neuen Weltwirtschaftsordnung und über die wirtschaftlichen Rechte und Pflichten der Staaten. Sie alle sind »vom Winde verweht«.

Es ist nicht weiter von Belang, daß diese Forderungen – nacheinander oder zugleich – die Höhe der öffentlichen Finanzhilfe, die die Entwicklungsländer als ihnen von den reichen Ländern geschuldete Unterstützung erachteten, und die Normen betrafen, nach denen der Welthandel abgewickelt werden sollte, insbesondere um die Preise der Rohstoffe stabil zu halten, deren Export die wichtigste Einnahmequelle der meisten Entwicklungsländer darstellte. Man mußte sich nicht einmal fragen, ob diese Forderungen berechtigt waren oder ob sie auf realistischen Entwicklungstheorien basierten. Jedenfalls war dieser »Dialog« zum Scheitern verurteilt. Dieser Dialog hätte nur dann in eine neue Politik münden können, wenn die Öffentlichkeit in den reichen Ländern durch ihn angesprochen und sensibilisiert worden wäre, was nur ganz ansatzweise geschah. Und das Plädoyer der Entwicklungsländer ging allzu offenkundig von größtenteils undemokratischen Regierungen aus, die sich kaum für die wirklichen Belange ihrer Völker einsetzten, sich wenig für soziale Probleme interessierten und im Ruch der Korruption standen.

Die westlichen Regierungen und Diplomaten beließen es übrigens nicht bei einem mehr oder minder passiven Widerstand gegen die so erhobenen Forderungen, indem sie weiterhin nur lächerlich niedrige Hilfszahlungen leisteten und sich nur sehr reserviert an konkreten Projekten wie dem Gemeinsamen Rohstoffonds (der 1989 im Rahmen der UNCTAD seine Arbeit aufnahm) beteiligten. Da sie nach einer ideologischen Rechtfertigung für ihre ablehnende Haltung suchten und sich möglichst den Anschein des guten Willens geben wollten, haben sie gemeinsam mit dem Sekretariat der UNO einen Mythos der »Entwicklung« erarbeitet, der in den Dokumenten mit dem Titel *Entwicklungsdekaden* dargelegt wurde. Dieser Mythos, der im wesentlichen auf dem Begriff des »Nachholens« fußte, erklärte, unter welchen Voraussetzungen die ärmeren Staaten über einen sehr langen Zeitraum (die vierte »Dekade« begann 1990) höhere Wachstumsraten erzielen könnten als die reichen Länder, so daß sie eines Tages den Wohlstand der westlichen Industriestaaten erreichen würden.

All diese Dokumente hatten natürlich keinerlei Einfluß auf die tatsächlich praktizierte Politik. Die Höhe der Entwicklungshilfe, die zunächst auf ein Prozent des Bruttosozialproduktes der reichen Länder festgesetzt worden war und später auf 0,7 Prozent reduziert wurde, lag im Schnitt nie über 0,35 Prozent. Die armen Länder erzielten zudem in der überwiegenden Mehrzahl der Fälle keine höheren Wachstumsraten als die reichen Länder; ganz im Gegenteil: Die Kluft nahm weiter zu. Und auch die Börsenkurse für Rohstoffe sind weiter gesunken oder schwankten doch zumindest mit der Nachfrage auf dem Weltmarkt.

Schließlich ist auch der Nord-Süd-Dialog ergebnislos verlaufen, obgleich er außerhalb der UNO fortgeführt wurde. Die Volkswirtschaften der Entwicklungsländer wurden im Gefolge der Schuldenkrise den Strukturanpassungsprogrammen des Internationalen Währungsfonds unterworfen. Die sozialen Aspekte des Dialogs, die man ohnehin nur oberflächlich gestreift hatte, gerieten damit endgültig in Vergessenheit. Die Art und Weise, wie die UNO diese grundlegenden Fragen zum Verhältnis zwischen den reichen Staaten und den armen Bevölkerungsschichten in der Dritten Welt anging, hat letztlich dazu beigetragen, den Graben gegenseitigen Unverständnisses zwischen den Völkern der Erde zu vertiefen.

3.10 Entwicklung und humanitäre Hilfe

Die Aktivitäten der UNO im Bereich Entwicklung und humanitäre Hilfe sind in vielen Fällen eng miteinander verknüpft. Während sich die Aktivitäten des UNHCR jedoch ohne weiteres dem Bereich der humanitären Hilfe zuschlagen lassen (obschon oftmals Entwicklungsprojekte für Flüchtlinge aufgestellt werden, die längere Zeit nicht in ihre Heimat zurückkehren können), gilt dies nicht in gleicher Weise für die Tätigkeiten des Welternährungsprogrammes, das in Notlagen Nahrungsmittel verteilt, aber auch versucht, die Nahrungsmittelhilfe zur Projektfinanzierung zu verwenden, und auch nicht für die UNICEF, die sich ebenfalls an Nothilfemaßnahmen beteiligt, aber gleichzeitig langfristige Hilfsmaßnahmen für Mütter und Kinder unterstützt. Die wichtigsten Organe für diese Operationen sind überblicksartig in Kasten XV beschrieben.

– Im Bereich der humanitären Hilfe arbeiten das Hohe Kommissariat für Flüchtlinge (UNHCR), das Hilfswerk der Vereinten Nationen für Palästina-Flüchtlinge (UNRWA), die Abteilung für humanitäre Fragen und schließlich der Fonds der Vereinten Nationen für Aktivitäten im Sudan und in der Sahel-Zone.

– Im Bereich Entwicklung und Nothilfe sind UNICEF und das Welternährungsprogramm tätig.

– Auf reine Entwicklungsaktivitäten sind schließlich das Entwicklungsprogramm der Vereinten Nationen (UNDP), das Umweltprogramm der Vereinten Nationen (UNEP) und der Fonds der Vereinten Nationen für Bevölkerungsfragen (UNFPA) spezialisiert.

Hinzufügen muß man noch sämtliche Stellen, die sich an den Amtssitzen von UN-Einrichtungen mit Technischer Zusammenarbeit (für die Entwicklung) bzw. sozialen Fragen (im humanitären Bereich) befassen. Die Organisation und ihre »Ableger« verfügen in diesen beiden Bereichen insgesamt nur über sehr geringe Mittel, die keine bedarfsgerechte Hilfe erlauben.

Der humanitäre Bereich

Innerhalb der Grenzen, die ihnen durch die geringe Mittelzuweisung gesetzt sind, leisten das UNHCR, die UNICEF und das WFP an zahlreichen Orten hervorragende Arbeit. Doch sie können nur in einem kleinen Teil der Notstandssituationen und der Fälle von extremer Armut

Kasten XV. UN-Organisationen für Entwicklung und humanitäre Hilfe

Hohes Kommissariat für Flüchtlinge (UNHCR)

Dieses 1951 geschaffene Organ ist, wie sein Name schon sagt, für die Flüchtlingshilfe zuständig. Der Haushalt des UNHCR, der sich 1993 auf etwa 1,5 Mrd. US-Dollar belief, wird hauptsächlich durch freiwillige Beiträge der Mitgliedsstaaten und – in geringerem Maße – durch private Spenden finanziert (ein sehr kleiner Teil des Budgets, weniger als 30 Mio. US-Dollar, ist im UNO-Haushalt enthalten und wird somit durch Pflichtbeiträge finanziert). Das UNHCR verhandelt mit den Regierungen, um den Erlaß von Gesetzen und Verwaltungsvorschriften sowie die Anwendung von internationalen Übereinkommen zu fördern; es informiert weltweit über die Grundsätze des internationalen Flüchtlingsschutzes, unterstützt viele Staaten durch materielle Hilfsleistungen, erleichtert die Reise von Flüchtlingen in Staaten, die ihnen Asyl gewähren, es fördert den wirtschaftlichen Schutz der Flüchtlinge, um ihre Eingliederung in die Aufnahmeländer zu erleichtern, und überwacht die Durchführung zahlreicher Projekte.

Die Rechtsstellung der Flüchtlinge, also die Gesamtheit ihrer Rechte und Pflichten, ist in zwei internationalen Konventionen geregelt: der Genfer Flüchtlingskonvention von 1951 und dem Protokoll über die Rechtsstellung der Flüchtlinge von 1967. Diese Texte enthalten auch Bestimmungen über die Ausübung von Arbeitstätigkeiten sowie über sozialhilfe- und sozialversicherungsrechtliche Ansprüche. In vielen Bereichen haben die Flüchtlinge einen Anspruch darauf, genauso behandelt zu werden wie die Staatsangehörigen ihres Aufnahmelandes. Das UNHCR bemüht sich einerseits um eine Verbesserung des internationalen Flüchtlingsschutzes und unterstützt andererseits die freiwillige Repatriierung in allen Fällen, in denen dies möglich ist oder möglich wird.

Durch die materielle Hilfe können Flüchtlinge oder Vertriebene dauerhafte Lösungen für ihre Probleme finden, ob durch freiwillige Repatriierung, Niederlassung im ersten Asylland oder Auswanderung in ein Drittland. Die Unterstützung bei der freiwilligen Repatriierung kann im Rahmen großangelegter Operationen oder durch Zahlung der individuellen Reisekosten erfolgen. Das UNHCR kümmert sich auch um die Familienzusammenführung und um behinderte Flüchtlinge und bietet Beratungen an. Das UNHCR hat ein aus 40 Mitgliedern bestehendes Exekutivkomitee, das seine Berichte der Generalversammlung vorlegt. Es betreut etwa 17 Millionen Flüchtlinge.

Hilfswerk der Vereinten Nationen für Palästina-Flüchtlinge (UNRWA)

Dieses 1949 von der Generalversammlung gegründete Organ ist für spezielle Aufgaben zuständig, die von seinen Außenstellen in Beirut, Amman, Damaskus, Ost-Jerusalem, Gaza und in den palästinensischen Flüchtlingslagern ausgeführt werden. Das Personal des UNRWA, das überwiegend vor Ort rekrutiert wird, besteht hauptsächlich aus Lehrern (etwa 10000), Gesundheitsbediensteten (etwa 4000) und Verwaltungsanstellten und Sozialarbeitern (etwa 3000). Das UNRWA erbringt Leistungen, die weitgehend denen einer nationalen öffentlichen Verwaltung entsprechen (genauer: der öffentlichen Verwaltung eines Volkes ohne eigenes Hoheitsgebiet). Die Zahl der betreuten Flüchtlinge beläuft sich auf etwa 2 Millionen. Das UNRWA verfügt über 98 Gesundheitsdienststellen, einige Spezialkliniken und 26 Zahnkliniken. In 650 Schulen, Fachschulen und Lehrerausbildungszentren werden etwa 340000 Schüler und Studenten unterrichtet. 1982 wurde die Verteilung von Lebensmittelrationen an alle Flüchtlinge durch die Notversorgung bedürftiger Flüchtlinge ersetzt. Der Jahreshaushalt des UNRWA beläuft sich auf etwa 280 Millionen US-Dollar (nur 10 Millionen US-Dollar davon stammen aus dem UNO-Haushalt, der Rest wird durch freiwillige Beitragsleistungen aufgebracht). Das 1993 zwischen Israel und der PLO geschlossene Osloer Abkommen dürfte erst langfristig zu einem Rückgang der UNRWA-Aktivitäten führen.

Abteilung für humanitäre Angelegenheiten

Diese 1992 von der Generalversammlung zur »Koordinierung der humanitären Hilfe des UN-Systems« geschaffene Verwaltungsstelle faßt die Aktivitäten des ehemaligen Büros des Koordinators der Vereinten Nationen für Katastrophenhilfe (UNDRO), der Gruppe für Sondernothilfeprogramme und des Sonderbeauftragten der Vereinten Nationen für humanitäre Angelegenheiten in Südostasien zusammen. Sie hat Büros in New York und Genf. Ihre Hauptaufgabe besteht darin, den Generalsekretär in Notstandssituationen zu beraten. Sie verfügt über einen verlängerbaren Sonderhilfsfonds von 50 Millionen US-Dollar.

Welternährungsprogramm (World Food Programme, WFP)

Das 1961 gegründete Welternährungsprogramm ist eine gemeinsame Einrichtung von UNO und FAO. Es ist speziell für die Nahrungsmittelhilfe in Entwicklungsländern und für Länder zuständig, die im Gefolge von Kriegen und Naturkatastrophen von Hungersnöten bedroht sind. Das WFP verteilt etwa ein Viertel der jährlichen multilateralen Nahrungsmittelhilfe. Es erbringt auch Dienstleistungen für den Kauf und Transport eines Teils der bilateralen Nahrungsmittelhilfe. Der Jahreshaushalt des WFP beträgt etwa 1,6 Milliarden US-Dollar. Den größten Teil der Hilfslieferungen erhalten die afrikanischen Länder südlich der Sahara, doch das WFP ist in der ganzen Welt tätig. Es verfügt über 87 Regionalbüros. Seit 1991 hat das WFP seine Aktivitäten aufgrund der zunehmenden Zahl von Katastrophen, Konflikten und Hungersnöten erheblich ausgeweitet. Etwa die Hälfte der jährlich verteilten 5 Millionen Tonnen Getreide sind für Notstandsfälle vorgesehen. Die andere Hälfte dient zur Finanzierung einer breiten Palette von Entwicklungsprojekten, die von der Entlohnung von Arbeitskräften in Form von Nahrungsmitteln (»Food for Work«) bis hin zur medizinischen Versorgung von Müttern und Kindern reichen. Das WFP beteiligt sich ebenfalls an der Hilfe für Flüchtlinge und Vertriebene. Als Lenkungsorgan des WFP fungiert der Ausschuß für Nahrungsmittelhilfepolitiken und -programme (Committee on Food Aid Policies and Programmes, CFA), dessen 30 Mitglieder je zur Hälfte vom Exekutivrat der FAO und vom ECOSOC gewählt werden.

Kinderhilfswerk der Vereinten Nationen (UNICEF)

Dieser 1946 gegründete Fonds, der zunächst als vorübergehende Einrichtung den Kindern im zerstörten Nachkriegseuropa helfen sollte, wurde 1953 in ein ständiges Organ umgewandelt. Sein Verwaltungsrat setzt sich seit 1982 aus 41 Mitgliedern zusammen, die vom ECOSOC gewählt werden. Seine Finanzmittel, die etwa 1 Milliarde US-Dollar betragen, stammen aus freiwilligen Beiträgen der Mitgliedsstaaten und aus privaten Spenden, die größtenteils von Nationalkomitees (nationalen Fördervereinen, die die Arbeit der Organisation unterstützen) beschafft werden. Zu den zahlreichen Verfahren der Mittelbeschaffung gehört auch der Verkauf von Grußkarten, wobei das Vertriebsnetz hier bis auf die Dorfebene hinabreicht. Aufgrund dieser Struktur besitzt die UNICEF, die unbestreitbar eine zwischenstaatliche Einrichtung ist, auch die Merkmale einer nichtstaatlichen Organisation. Die UNICEF hat sich in den Entwicklungsländern, aber auch in einigen Ländern des zerstörten Nachkriegseuropa sowie in den Nachfolgestaaten der UdSSR sämtlicher Aspekte der Bildung und Ausbildung, des Gesundheitswesens und des Wohlergehens der Kinder (einschließlich beispielsweise der Versorgung mit Trinkwasser, der Gewährleistung einer medizinischen Grundversorgung und der Finanzierung des Drucks von Schulbüchern) angenommen. 1982 hat sie eine riesige Impfkampagne gestartet, die alle Kinder der Welt einbeziehen soll. Sie hat außerdem maßgeblich an der Ausarbeitung der Kinderrechtskonvention mitgewirkt, die 1989 von der Generalversammlung verabschiedet wurde. Und sie fördert Programme in 135 Staaten.

Entwicklungsprogramm der Vereinten Nationen (UNDP)

Das 1965 durch Zusammenlegung zweier technischer Kooperationsprogramme geschaffene Programm verfügt über einen Jahreshaushalt von etwa 1,5 Milliarden US-Dollar. Sein Verwaltungsrat zählt 48 Mitglieder, die vom ECOSOC gewählt werden. Das UNDP bringt die Mittel für Entwicklungsprojekte aller Art auf, führt selbst jedoch nur einen relativ kleinen Teil davon durch. Die restlichen Mittel werden auf die Sonderorganisationen verteilt, um deren eigene Projekte der Technischen Zusammenarbeit zu finanzieren. Das UNDP verfügt jedoch über ein ausgedehntes Netz von Regionalbüros, geleitet von »Resident Representatives«, deren Funktion mittlerweile oftmals von »Resident Co-ordinators« wahrgenommen wird. Diese sollen die Aktivitäten sämtlicher Programme (UNICEF, WFP usw.) und Sonderorganisationen im Bereich Technische Zusammenarbeit koordinieren. Da jedoch diese Programme und Organisationen in den meisten Ländern eigene Vertretungen unterhalten, ist eine Koordination praktisch unmöglich. Es gibt zwar »Länderprogramme«, die im Verwaltungsrat erörtert werden und nach denen die landesspezifische Mittelzuweisung erfolgt. Dabei handelt es sich aber faktisch nur um eine Liste unverbundener Projekte.

und der Ausbeutung von Kindern wirksame Abhilfe schaffen. Gleich welche Gründe die Regierungen dazu veranlaßt haben mögen, einen relativ großen Teil der Katastrophenhilfe und der Hilfe für die Opfer von Kriegen über die UNO abzuwickeln – die Aktivität der Organisation in diesem Bereich ist zweifellos von Nutzen. Allerdings beruhigt die Berichterstattung der Medien über diese Aktivitäten allzuschnell das Gewissen der Öffentlichkeit. Die Diskussion über ein »Recht auf Einmischung aus humanitären Gründen« hat den Eindruck erweckt, die reichen Staaten täten alles in ihrer Macht Stehende (einschließlich der Anwendung militärischer Gewalt, wie in Somalia), um den Entrechteten zu helfen. Dabei werden weiterhin Millionen von Kindern in asiatischen Fabriken als billige Arbeitskräfte ohne den geringsten sozialrechtlichen Schutz ausgebeutet oder auf den Straßen der lateinamerikanischen Großstädte ausgesetzt, ohne daß ihnen irgendeine Hilfe zuteil würde. Armut und Not wachsen in den Elendsvierteln der Megapolen, deren Bevölkerung Tag für Tag zunimmt. Doch die Öffentlichkeit in den reichen Staaten nimmt das Ausmaß der bestehenden Probleme nicht richtig wahr. Dies führt dazu, daß die Regierungen nur für die Notlagen mit dem größten »Aufmerksamkeitsfaktor« Mittel bereitstellen. So bleibt der finanzielle Gesamtaufwand, insgesamt betrachtet, weit hinter dem tatsächlichen Bedarf zurück.

Der Entwicklungsbereich

Wie geringe Summen über die UNO und ihre Spezialorgane und Sonderorganisationen für die multilaterale Technische Zusammenarbeit bereitgestellt werden, wird noch deutlicher, wenn man sich den Bereich Entwicklung ansieht. Die Ausführungen des Autors aus dem Jahr 1986 [45] sind auch 1995 noch gültig (obgleich sich die absolute Höhe der staatlichen Hilfsleistungen von 36 auf 50 Milliarden US-Dollar erhöht hat, ging der Anteil der Hilfsleistungen gemessen am Bruttosozialprodukt der reichen Länder von 0,38 auf 0,35 Prozent zurück):

»Die Begriffe ›Hilfe‹ und ›Entwicklung‹ suggerieren, es gehe um die Solidarität der reichen mit den armen Ländern. Dies ist aber nur ein Nebeneffekt: Für ›öffentliche Entwicklungshilfe‹ wird meist nur ein verschwindend geringer Teil des Bruttosozialprodukts der reichen Länder aufgewendet; zudem ist das Hauptmotiv der ›Hilfe‹ das Streben nach Macht und Einfluß. Auch hier muß der verschleiernde Wortnebel gelichtet werden. Die sogenannte Entwicklungshilfe gleicht dem Verhalten eines Kaufmanns, der von seinem 10000-Mark-Einkommen DM 38 als Almosen vergibt – aber nur an solche Bettler, die für diesen Betrag oder mehr in seinem Laden einkaufen. Dieser trivial erscheinende Vergleich illustriert die Wirklichkeit viel besser als jede Statistik: Die reichen Länder wenden tatsächlich im Schnitt 0,38 % ihres Sozialprodukts für die staatliche Entwicklungshilfe auf, d.h. ca. 36 Milliarden Dollar. Dieser Betrag wird vor allem durch bilaterale Kanäle verteilt, die dem Hauptzweck der ›Entwicklungshilfe‹ dienen – nämlich eine ›Klientel‹ in den Empfängerländern und damit Abhängigkeiten der Nehmer- von den Geberländern zu schaffen. Ob es sich um Geldgaben oder Naturalleistungen (Waffen, Getreide, Löhne für Lehrer oder Techniker) handelt, um niedrigverzinste Anleihen oder um Bankkredite zu Marktbedingungen – stets ist die Hilfe zunächst Mittel zur Einflußnahme. In den politischen und wirtschaftlichen Rivalitäten zwischen den Staaten des Nordens sind die Länder des Südens nur Schachfiguren [...].

Die Stückelung der Hilfe und die Konkurrenz der bilateralen Geber (in einem Entwicklungsland sind manchmal bis zu 20 Geberländer aktiv, worunter einige zumeist dominieren) erschwert den Empfängerländern die Koordination der gesamten Hilfe und zwingt sie zu zahlreichen Verhandlungen über Einzelprojekte. Der Zwang, das erhaltene Geld im Geberland wieder auszugeben, schwächt die wirtschaftliche Bewegungsfreiheit der Empfängerländer zusätzlich. Nach der Entkolonialisierung sind also ›Einflußzonen‹ an die Stelle der Kolonialreiche getreten. [...]

Es hat niemals, selbst nicht für die ärmsten Länder – wie z. B. die von den UN als die am wenigsten entwickelten Länder (LLDC) bezeichneten – ein Konzept für ein zusammenhängendes, kollektives, auf lange Sicht angelegtes System der Hilfe gegeben, das eine langfristige ökonomische und politische Planung erlaubt hätte. Auch die Gewährung von Bankkrediten an die am weitesten fortgeschrittenen Schwellenländer folgte nie einer abgestimmten Planung: Sie wurden ausschließlich im Hinblick auf die Eroberung von Märkten gewährt und haben zu einer solchen Anhäufung von Schulden geführt, daß die wirtschaftliche Situation zahlreicher Länder unhaltbar geworden ist.

Lediglich die Mechanismen, die im Abkommen von Lomé zwischen der EG und den AKP-Ländern (Afrika, Karibik, Pazifik) vereinbart wurden, sind ein Beispiel für die Orientierung auf kollektive und institutionalisierte Hilfe, dem jedoch außerhalb Europas bisher niemand gefolgt ist.

Die Aufgabe einer Weltorganisation wäre es angesichts dieser Situation, die Koordination gemeinsamer Hilfe zu fördern und die bestehenden Mängel zu beheben. Doch es geschieht genau das Gegenteil.

Nur ein sehr kleiner Teil der staatlichen Entwicklungshilfe, nämlich 6,5 % (das wären DM 2,50 von den DM 38,– Almosen) wird über die UN abgewickelt. Und diese Mittel werden zudem nicht zentral, sondern von etwa 30 UN-Organisationen verteilt: den 15 Sonderorganisationen (s. S. 72 ff.), den großen UN-Projekten wie dem Entwicklungsprogramm der Vereinten Nationen (UNDP), dem Kinderhilfswerk (UNICEF), dem Bevölkerungsfonds (UNFPA), dem Welternährungsprogramm (WFP) und anderen Organisationen wie dem Freiwilligenprogramm der UN oder dem Verbindungsbüro für die Sudan-Sahelzone.

Diese Verzettelung wird noch dadurch verstärkt, daß die Tätigkeit all dieser Organisationen sich auf meist sehr bescheidene ›Projekte‹ beschränkt, deren wesentliches Element die Entsendung von Experten als Berater in die einzelnen Länder ist. Ein durchschnittliches ›Projekt‹ besteht darin, daß man jährlich zwei oder drei Experten und zusätzlich einen variablen Anteil an Ausrüstungsgegenständen in das entsprechende Gebiet schickt. Die große Selbständigkeit der Projektleiter bei der Konzeption und Durchführung atomisiert die Verantwortlichkeiten vollends.« [45]

Die Aktivitäten der Amtssitze (und der regionalen Wirtschaftskommissionen), die sich darauf beschränken, den Entwicklungsländern »Ratschläge aus der Ferne« zu geben, eine Reihe von Veröffentlichungen herauszugeben (die nicht gelesen werden, wie man daraus ersehen kann, daß die Verkaufszahlen der UNO-Publikationen insgesamt sehr niedrig sind und in den meisten Fällen nahe bei Null liegen) oder eine Entwicklungstheorie zu erarbeiten, nach der es den Entwicklungsländern möglich sei, durch höhere Wachstumsraten mit dem Niveau der reichen Länder »gleichzuziehen«, sind nicht sonderlich effizient. Ein gründliches Überdenken der Methoden für die Verteilung der multilateralen Hilfe wäre das mindeste, was man verlangen kann.

3.11 Statistiken, Bevölkerung und Umwelt

Die Aktivitäten der Amtssitze beziehen sich einerseits auf die Entwicklungsländer und andererseits auf die Gewinnung und Verbreitung von Informationen sowie auf die Vereinheitlichung von Normen. So erbringen die statistischen Auswertungen des Bereichs Statistik und der Abteilung Bevölkerungsfragen des UN-Sekretariats und der Dienststellen der UNCTAD (im Bereich des Welthandels) Zahlen, die in ihrer Gesamtheit als maßgebliche Arbeitsgrundlage für sämtliche Untersuchungen über internationale Probleme dienen. Es wurden und werden beachtliche Anstrengungen unternommen, um die statistischen Erhebungsmethoden zu vereinheitlichen und zu vervollkommnen und um die nationalen Behörden bei der Gewinnung richtiger Informationen (Volkszählung usw.) zu unterstützen; doch ungeachtet dieser Bemühungen ist die Pflicht der UNO, die ihr von den nationalen Behörden aller Länder gelieferten Zahlen ungeprüft zu übernehmen, in bestimmten Bereichen eine Quelle von Irrtümern, Verzerrungen oder Passivität. So veröffentlicht die UNO beispielsweise keine Statistiken über Taiwan, und trotz hilfreicher Vorarbeiten einiger regionaler Wirtschaftskommissionen hat die UNO bislang nicht sonderlich viele Statistiken über die Einkommens- oder Vermögensverteilung erstellt.

Was die Entwicklung der Weltbevölkerung anlangt, so haben die gemeinsamen Arbeiten der Abteilung für Bevölkerungsfragen des UN-Sekretariats und des UN-Bevölkerungsfonds, die seit vielen Jahren fortgeführt werden und die in den alle zehn Jahre stattfindenden Weltbevölkerungskonferenzen einen Niederschlag finden (Erste Weltbevölkerungskonferenz 1974 in Bukarest, Zweite Weltbevölkerungskonferenz 1984 in Mexico City, Dritte Weltbevölkerungskonferenz 1994 in Kairo), gewiß dazu geführt, daß die durch die exponentiellen Wachstumsraten aufgeworfenen Probleme ins Bewußtsein der Öffentlichkeit gerückt wurden, daß zahlreiche Staaten eine aktive Bevölkerungspolitik betreiben und daß sich das Bevölkerungswachstum insgesamt verlangsamt hat. Der relative Erfolg der UNO in diesem Bereich ist nicht nur auf die Qualität der demographischen Untersuchungen zurückzuführen, sondern auch auf die Aufmerksamkeit, die die reichen Länder diesem Problem widmen, und darauf, daß die Regierungen der Entwicklungsländer eingesehen haben, daß es in ihrem eigenen Interesse liegt, eine wirksame Bevölkerungspolitik zu betreiben. Dennoch bleibt in diesem Bereich noch vieles zu tun, was jedoch durch zahlreiche Tabus erschwert wird.

Auch im Umweltbereich wurden beachtliche Anstrengungen unternommen. Hier haben die reichen Länder ebenfalls ein ganz offenkundiges Interesse daran, die Entwicklungsländer zu Maßnahmen zu veranlassen, die eine weitere Zunahme der zahlreichen Umweltgefährdungen verhindern sollen. Das Umweltprogramm der Vereinten Nationen (UNEP) und das Sekretariat der UNCED (Konferenz der Vereinten Nationen über Umwelt und Entwicklung, die 1992 in Rio de Janeiro stattfand) bemühten sich darum, zahlreiche Konventionen zu erarbeiten und auf ihre Verabschiedung hinzuwirken. Doch trotz vielfacher Lippenbekenntnisse hielten die reichen Staaten es nicht für nötig, die für ihre Durchführung erforderlichen enormen Finanzmittel bereitzustellen.

3.12 Das Völkerrecht: Fortschritt oder Stagnation?

Arbeiten auf dem Gebiet des internationalen Rechts genießen bei der UNO hohes Ansehen. Für Juristen und Universitätsprofessoren, die sich auf internationales Recht spezialisiert haben, bietet die UNO nicht nur eine ideale Begegnungsstätte, sondern auch wichtige und spezifische Funktionen. Die Stellen in der Völkerrechtskommission sind außerordentlich begehrt. Die Richterämter am Internationalen Gerichtshof in Den Haag sind für 15 dieser Rechtskundigen die Krönung ihrer

Kasten XVI. Organe der UNO, die sich mit internationalem Recht befassen

Völkerrechtskommission

Dieses 1934 gegründete Organ besteht aus 34 unabhängigen Mitgliedern, die aufgrund ihrer persönlichen Sachkunde ernannt werden. Aufgabe: »die Fortentwicklung des internationalen Rechts und seine Kodifikation fördern«. Die Kommission bereitet Artikelentwürfe zu bestimmten Themen vor, die von ihr selbst oder von der Generalversammlung und dem ECOSOC ausgewählt werden. Diese Entwürfe werden einer Staatenkonferenz zur Aussprache und Annahme zugeleitet.

Kommission der Vereinten Nationen für internationales Handelsrecht (UNCITRAL)

Dieses 1966 geschaffene Gremium besteht aus 36 Mitgliedern, die für sechs Jahre gewählt werden. Aufgabe: »die fortschreitende Angleichung und Vereinheitlichung des internationalen Handelsrechts unterstützen. Die Kommission arbeitet Konventionsentwürfe aus, fördert die Ratifikation verabschiedeter Konventionen und bietet den Entwicklungsländern Fortbildungsmöglichkeiten an.«

Ausschuß für die friedliche Nutzung des Weltraums (COPUOS)
Zahlreiche Ad-hoc-Ausschüsse der Generalversammlung
Internationaler Gerichtshof (ICJ)

Hauptrechtsprechungsorgan der Vereinten Nationen (Art. 7 Abs. I und Art. 92 bis 96, Kapitel XIV, der UN-Charta. Das Statut des Internationalen Gerichtshofs ist der Charta beigefügt.)
15 Richter, die auf der Grundlage von Kandidatenlisten, die von den »nationalen Gruppen« des Ständigen Schiedshofs aufgestellt werden, von der Generalversammlung und dem Sicherheitsrat in getrennter Wahl auf neun Jahre gewählt werden.
Zwischen 1946 und 1992 hat der Gerichtshof 65 Rechtsstreitigkeiten entschieden, die ihm von den Mitgliedsstaaten vorgelegt wurden, (das entspricht einem Schnitt von 1,5 Streitigkeiten pro Jahr) und auf Ersuchen internationaler Organisationen 20 Rechtsgutachten angefertigt.
Die Verfahren betrafen:
– *Gebietsansprüche:* zwischen Frankreich und Großbritannien über einige Inseln im Ärmelkanal

(1953); zwischen Belgien und den Niederlanden um eine an der Grenze gelegene Enklave (1959); Streit über den Grenzverlauf zwischen Burkina Faso und Mali (1986), zwischen Libyen und dem Tschad (1990);
– *seerechtliche Fragen:* zwischen Albanien und Großbritannien für Schäden, die in albanischen Hoheitsgewässern durch Minen an britischen Schiffen entstanden sind (1949); Fischereistreit zwischen Großbritannien und Norwegen (1951); zwischen Island, Großbritannien und Deutschland über die Abgrenzung des Festlandsockels (1969); Fischereistreit zwischen Island, Großbritannien und Deutschland (1974); zwischen Tunesien, Malta und Libyen (1985) usw.;
– *Streitigkeiten über den Schutz von Diplomaten:* zwischen Kolumbien und Peru über das Asylrecht (1950); zwischen Frankreich und den USA über US-amerikanische Staatsbürger in Marokko (1951); zwischen Liechtenstein und Guatemala über Staatsangehörigkeitsfragen (1955); zwischen den USA und Italien über die Verstaatlichung eines amerikanischen Unternehmens auf Sizilien (1989);
– *Streitigkeiten über die Treuhandverwaltung bestimmter Gebiete:* 4 Streitfälle in bezug auf Namibia (1950, 1966, 1971); die Insel Nauru und Australien (1991); zwischen Portugal und Australien hinsichtlich Ost-Timors (1991);
– *Folgeprobleme bestimmter Regionalkonflikte:* zwischen dem Iran und den USA über das Festhalten von Botschaftsangehörigen (1980); zwischen Nicaragua und den USA (1984); zwischen Nicaragua, Costa Rica und Honduras (1986); Libyen gegen Großbritannien und die USA hinsichtlich des Absturzes eines Pan-Am-Jumbos über Lockerbie.

Laufbahn. Die UNO rühmt sich außerdem, zu einem erheblichen Fortschritt des internationalen Rechts beigetragen zu haben. Das ist richtig, wenn man die Anzahl der verabschiedeten Konventionen als Beurteilungsgrundlage heranzieht. Versteht man darunter hingegen die Setzung von Rechtsnormen, die eine gerechtere und zivilisiertere Weltgesellschaft gewährleisten sollen, dann ist es viel fragwürdiger, ob man von einem Fortschritt sprechen kann.

Die Organe der UNO, die sich mit diesen Angelegenheiten befassen, sind in Kasten XVI beschrieben. Die Liste der internationalen Konventionen, die aufgrund von Vorarbeiten der Völkerrechtskommission verabschiedet wurden, ist gewiß beeindruckend, sowohl was ihre Zahl (mehr als 20 Konventionen zwischen 1958 und 1993) als auch was ihre Vielfalt betrifft. Die Qualität des Rechts, das aus all diesen Aktivitäten hervorgegangen ist, befriedigt hingegen weniger. Denn es handelte sich in erster Linie um Kodifikation und weniger um Neuschöpfung. Man

Kasten XVII. Die wichtigsten Konventionen über internationales Recht, die die UNO zwischen 1958 und 1993 vorbereitet hat

1958 Übereinkommen über die Hohe See
Übereinkommen über das Küstenmeer und die Anschlußzone
Übereinkommen über Fischfang und die Erhaltung der lebenden Ressourcen der Hohen See (die zwar zu einer Konferenz der Vereinten Nationen, aber nicht zu einer Einigung über die Breite des Küstenmeeres und über die Frage der Fischereizonen führten)
1960 Übereinkommen über den Festlandsockel
1963 Wiener Übereinkommen über diplomatische Beziehungen
Wiener Übereinkommen über konsularische Beziehungen
1968–1969 Übereinkommen über Vertragsrecht
1969–1973 Übereinkommen über Sondermissionen und Übereinkommen über die Prävention und Bestrafung von Verbrechen gegen international geschützte Personen einschließlich diplomatischer Vertreter
1975 Übereinkommen über die Vertretung von Staaten in ihren Beziehungen mit Internationalen Organisationen weltweiten Charakters
1977–1978 Wiener Übereinkommen über die Staatennachfolge bei Verträgen
1983 Übereinkommen über die Staatennachfolge bei Staatseigentum, Archiven und Schulden
1986 Übereinkommen über das Vertragsrecht zwischen Staaten und Internationalen Organisationen und zwischen Internationalen Organisationen
1989–1991 Artikelentwürfe über den Status des diplomatischen Kuriers und des Kuriergepäcks sowie über die Gerichtsimmunität von Staaten und Staatseigentum
1993 Entwurf zur Nutzung internationaler Wasserläufe zu anderen als Schiffahrtszwecken, Vorarbeiten zum Thema der Haftungsfolgen völkerrechtlich nicht verbotenen Staatshandelns, der Beziehungen zwischen Staaten und Internationalen Organisationen (Teil II) und zu einem Strafgesetzbuch betreffend Verbrechen gegen den Frieden und die Sicherheit der Menschheit.

Internationales Handelsrecht

1974 Abkommen über die Verjährung im internationalen Warenhandel
1978 Konvention der Vereinten Nationen über den Transport von Gütern auf See (»Hamburger Regeln«)
1980 Wiener Abkommen über

Verträge im internationalen Warenkauf
1976, 1980 und 1985 hat die UN-Kommission für internationales Handelsrecht (UNCITRAL) Schieds- und Schlichtungsregeln veröffentlicht.
1987 Rechtlicher Leitfaden über das Zustandekommen internationaler Verträge.

Fortschritte beim Seerecht

1967 Die Generalversammlung setzt einen Ausschuß ein, der alle Aspekte der friedlichen Nutzung des Meeresbodens und der -ressourcen außerhalb der Grenzen nationaler Jurisdiktion untersuchen soll.
1969 Arbeiten des UN-Meeresbodenausschusses. Grundsatzerklärung, nach der der Meeresboden zum »gemeinsamen Erbe der Menschheit« gehört, das einer friedlichen Nutzung vorbehalten ist und nur im Rahmen eines zu erarbeitenden internationalen Tiefseebergbauregimes genutzt werden darf.
1973 Dritte Seerechtskonferenz der Vereinten Nationen
1975 Erster informeller Textentwurf, der als Verhandlungsgrundlage dient.
30. April 1982 Annahme des endgültigen Textes des neuen Seerechtsübereinkommens (mit 130 gegen 4 Stimmen bei 17 Enthaltungen)
31. März 1992 Das Übereinkommen haben zu diesem Zeitpunkt 51 Staaten ratifiziert. Es legt fest,
– daß die Küstenmeerbreite 12 Seemeilen beträgt
– daß Schiffe und Flugzeuge aller Staaten das Recht auf friedliche Durchfahrt durch alle Meerengen haben, die der internationalen Schiffahrt dienen
– daß die Küstenstaaten Souveränitätsrechte in einer Wirtschaftszone von 200 Seemeilen ausüben
– daß die Küstenstaaten Souveränitätsrechte an dem Festlandsockel ausüben (eine Kommission zur Begrenzung des Festlandsockels wird beratend tätig, wenn sich der Festlandsockel über 200 Seemeilen seewärts hinaus erstreckt)
– daß Staaten ohne Küste das Recht des Zugangs zum Meer und das Recht zur Durchfahrt durch die Hoheitsgewässer der Transitstaaten haben
– daß sämtliche Aktivitäten der Erforschung und Nutzung des Tiefseebodens von einer im Rahmen des Übereinkommens zu errichtenden Meeresbodenbehörde gesteuert werden; doch hat die erste Generation der Tiefseeprospektoren, die sogenannten »Pionierinvestoren«, Produktionsgarantien, sobald der Tiefseebergbau genehmigt ist
– daß ein Internationaler Seerechts-Gerichtshof gegründet wird. Obgleich eine Vorbereitungskommission für die Internationale Meeresbodenbehörde und den Internationalen Seerechts-Gerichtshof eingesetzt wurde, sind die Ratifikationsvoraussetzungen noch immer nicht erfüllt.

begnügte sich in den meisten Fällen mit der Konsolidierung des Erreichten (in den Bereichen: diplomatische Beziehungen, konsularischer Verkehr, Diplomatenschutz, Staatennachfolge, diplomatische Kuriere und internationales Vertragsrecht). Und wenn man sich mit Angelegenheiten befaßte, die zuvor noch nicht behandelt worden waren, wie etwa Seerecht, Weltraumrecht, Umwelt und Kernwaffen, dann wandte man bei der Setzung neuer Normen die gleichen Methoden an, die im 19. Jahrhundert in anderen Bereichen eingesetzt worden waren und die die nationale Souveränität jedes Staates unberührt ließen. Nicht genug damit, daß kein schöpferischer Geist wehte; den Großmächten gelang es zudem immer dann, wenn hochherzige Ideen vorgebracht wurden, diese im Sinne einer kleinkarierten Verteidigung ihrer Interessen umzudeuten. Das Seerecht liefert diesbezüglich das anschaulichste Beispiel. Die Idee, ein »gemeinsames Erbe der Menschheit« zu definieren, enthielt zweifellos eine progressive Vision, insofern die ärmsten und die reichsten Länder potentielle neue Naturschätze gemeinsam nutzen sollten. Die Nutzung von Ressourcen der Meeresböden hätte ein für sämtliche Staaten offenstehendes Gemeinschaftsprojekt hervorbringen können, in dem sich vielleicht ein Geist der Zusammenarbeit, der Großzügigkeit gegenüber den ärmsten Staaten und der gemeinsamen Zielstrebigkeit entwickelt hätte. Die Vorschläge, die die Gründung einer internationalen Meeresboden-Behörde vorsahen, gingen durchaus in diese Richtung. Doch der erbitterte Widerstand der reichsten Länder, insbesondere der USA, hat nach harten Verhandlungen, die von 1967 bis 1993 dauerten, dazu geführt, daß dieses Vorhaben seines ursprünglichen Sinnes beraubt wurde. Ja man setzte sogar alles daran, die Größe der Fläche des Meeresbodens, die nicht dem ausschließlichen Nutzungsrecht der Küstenstaaten unterliegt, so weit wie möglich zu reduzieren. Und dank des Konzepts der »Pionierinvestoren« ist der Abbau der potentiellen Naturschätze nunmehr allein den Staaten vorbehalten, die über die notwendigen Finanzmittel und Technologien verfügen...

Die reichsten Länder haben auch im Bereich der Kernwaffen keinen Zweifel daran gelassen, daß es ihnen primär um die Wahrung ihrer eigenen Interessen geht. Die Aktivitäten, die die UNO unter der Bezeichnung »Abrüstung« betreibt, befassen sich nicht mit einer Verringerung der Rüstung. Vielmehr wird die Abrüstung seit 1987, als erstmals ernsthafte Bemühungen in dieser Richtung unternommen wurden, ausschließlich in bilateralen Verhandlungen zwischen den USA und der UdSSR bzw., soweit es um konventionelle Waffen geht, in multilatera-

Kasten XVIII. Die UNO und die Abrüstung

Die Bemühungen der UNO zur Förderung der Abrüstung

UN-Charta: Art. 11: Die Generalversammlung kann sich mit [...] den Grundsätzen der Abrüstung und Rüstungsregelung befassen. Art. 26: Der Sicherheitsrat ist beauftragt, mit Unterstützung des in Art. 47 vorgesehenen Generalstabsausschusses Pläne auszuarbeiten, die den Mitgliedern der Vereinten Nationen zwecks Errichtung eines Systems der Rüstungsregelung vorzulegen sind.

1946 Die Generalversammlung beschließt die Errichtung einer Atomenergiekommission, die sich mit dem »Baruch-Plan« und dem »Gromyko-Plan« befaßt

1947 Kommission für konventionelle Rüstungen

1952 Die beiden Gremien werden zu einer einheitlichen Abrüstungskommission zusammengefaßt, in der sämtliche Mitglieder des Sicherheitsrates und Kanada vertreten sind und die bis 1957 das Hauptorgan für Abrüstungsfragen bleibt

1954 Gründung eines Unterausschusses mit Vertretern Frankreichs, Kanadas, der UdSSR, der USA und Großbritanniens und dem Auftrag, einen Abrüstungsplan auszuarbeiten

1957 Die Abrüstungskommission wird erweitert, 1958 auf sämtliche Mitglieder der Vereinten Nationen

1959 Die Generalversammlung setzt die »Allgemeine und vollständige Abrüstung unter wirksamer internationaler Kontrolle« auf ihre Tagesordnung. Ein Zehn-Mächte-Abrüstungsausschuß wird gebildet (5 Ostblockstaaten und 5 westliche Staaten)

1962 Erneute Umgestaltung: Der Zehn-Mächte-Ausschuß wird in einen Achtzehn-Mächte-Ausschuß umgewandelt, dem

1969 8 weitere Mitglieder beitreten. Dieser nunmehr 26 Mitglieder zählende Abrüstungsausschuß wird 1975 auf 31 und 1979 auf 40 Mitglieder erweitert

1970 Erste Abrüstungsdekade

1975 Einsetzung eines Ad-hoc-Ausschusses zur Überprüfung der Rolle der Vereinten Nationen auf dem Gebiet der Abrüstung

1977 Die Abteilung für Abrüstungsfragen wird zum Abrüstungszentrum

1978 Erste Sondersitzung der Generalversammlung über Abrüstungsfragen (vom 23. Mai bis 30. Juni), die ein sehr ehrgeiziges Schlußdokument verabschiedet

1980 Zweite Abrüstungsdekade

1982 Zweite Sondersitzung der Generalversammlung über Abrüstungsfragen

Von der UNO vorbereitete Abrüstungsverträge

1959 Antarktis-Vertrag
1963 Atomteststoppabkommen
1967 Weltraumvertrag
1968 Vertrag über die Nichtweiterverbreitung von Kernwaffen
1971 Vertrag über das Verbot der Anbringung von Nuklear- und anderen Massenvernichtungswaffen auf und unter dem Meeresboden
1972 Konvention über das Verbot der Entwicklung, Herstellung und Lagerung von bakteriologischen und Toxin-Waffen und über deren Vernichtung
1977 Konvention über das Verbot der militärischen oder einer sonstigen feindseligen Nutzung umweltverändernder Techniken
1979 Übereinkommen zur Regelung der Tätigkeiten von Staaten auf dem Mond und anderen Himmelskörpern
1981 Konvention über Verbote oder Beschränkungen der Anwendung bestimmter konventioneller Waffen, die unnötige Leiden verursachen oder unterschiedslose Wirkungen hervorbringen
1992 Konvention über das Verbot chemischer Waffen

len Verhandlungen im Rahmen der KSZE behandelt. Das, was im Rahmen der UNO möglich war, betraf lediglich die rechtliche Regelung des Kernwaffenbesitzes und der Kernwaffenversuche (Atomteststoppabkommen, 1963; Vertrag über die Grundsätze der Nutzung des Weltraums, 1967) sowie das Verbot bakteriologischer, chemischer und »unmenschlicher« Waffen. Es handelt sich gewissermaßen um ein Kriegsrecht, das sich bemüht, die grausamsten und zerstörerischsten Seiten des Krieges zu beseitigen; das ist ein bescheidenes Aktionsfeld für eine Organisation, die ihrem theoretischen Anspruch nach den Weltfrieden verwirklichen will. Die beiden bedeutsamsten Ergebnisse dieser Bemühungen waren der Vertrag über die Nichtweiterverbreitung von Kernwaffen (Atomwaffensperrvertrag) aus dem Jahre 1968 und die Konvention über chemische Waffen aus dem Jahr 1992. Diese Regelung zielt in beiden Fällen auf die Festigung der bestehenden Ordnung, das heißt auf die militärische Vorherrschaft der Kernwaffenstaaten, indem sie die Verbreitung von Kernwaffen verhindert und den armen Ländern ein Ausweichen auf die sehr viel leichter produzierbaren chemischen Waffen unmöglich macht. Allerdings wurden diese Konventionen nicht von allen Staaten ratifiziert.

Zu einem Zeitpunkt, da die Globalisierung sämtlicher Probleme eine gänzlich neue Sicht des internationalen Rechts erfordert hätte (eine

Sicht, die in anderen Bereichen, insbesondere im Rahmen der Europäischen Gemeinschaft und der KSZE, schon hervorgetreten war und Gestalt angenommen hatte) und da man die Errichtung eines neuen Sicherheitssystems, das eine wirkliche Verringerung der Rüstungsbestände erlauben würde, hätte erörtern können, zeigte sich die UNO außerstande, aus diesen Bedürfnissen und Möglichkeiten Lehren zu ziehen.

3.13 Die Menschenrechte

Die Bilanz der UNO-Aktivitäten im Bereich Menschenrechte ist durchaus positiv. Diese Behauptung steht im Gegensatz zu der weitverbreiteten Ansicht, nach der die alltägliche Verhöhnung der Menschenrechte die Ohnmacht der UNO in diesem Bereich beweise. Gewiß ist die Schlacht noch lange nicht gewonnen. Aber die entscheidende Frage ist doch, ob die UNO einen positiven Beitrag zu diesem Kampf um die Errichtung einer zivilisierteren Staatengemeinschaft geleistet hat. Dies aber kann von keinem unvoreingenommenen Beobachter geleugnet werden. Die Fortschritte sind freilich um so erstaunlicher, als die Regierungen der westlichen Industriestaaten und des Ostblocks, die im Namen des Antikommunismus bzw. Sozialismus zahlreiche Diktaturen unterstützten, während des Kalten Krieges und der Phase der Entkolonialisierung Strategien verfolgten, die dem Schutz der Menschenrechte abträglich waren. Zweifellos waren – und sind – die Reden von Regierungsvertretern über Menschenrechte oftmals der Gipfel der Heuchelei. Und die von Liberalismus und Kapitalismus geprägte Ideologie des Westens, die seit Ende der achtziger Jahre weltweit auf dem Vormarsch ist, fördert den Diskurs über die bürgerlichen und politischen Rechte, während die formal ebenfalls anerkannten wirtschaftlichen und sozialen Rechte vernachlässigt werden.

Dennoch kann die UNO hinsichtlich des Schutzes der Menschenrechte einige Erfolge für sich in Anspruch nehmen, weil die Organisation indirekt, durch nichtstaatliche Organisationen, die zu diesem Zweck errichtet wurden, den Kampf von Menschenrechtsaktivisten legitimierte; weil sie bestimmten Gruppen von Unterdrückten ein öffentliches Forum bot; weil sie die Entwicklung von Mechanismen förderte, die eine bessere Durchsetzung der Menschenrechte ermöglichen; und weil sie schließlich dazu beigetragen hat, die öffentliche Aufmerksamkeit auf die Menschenrechte zu lenken. Es handelt sich um einen der

Kasten XIX. Die Organisation des Menschenrechtsschutzes bei der UNO

Generalversammlung

Der Dritte Ausschuß (zuständig für soziale, kulturelle und humanitäre Angelegenheiten);
und die Subsidiärgremien:
– Entkolonialisierungsausschuß (1961), 25 Mitglieder
– Sonderausschuß gegen Apartheid (1962), 18 Mitglieder
– Sonderausschuß zur Untersuchung israelischer Praktiken, die die Menschenrechte der Bevölkerung der besetzten Gebiete beeinträchtigen, 3 Mitglieder
– Ausschuß für die Ausübung der unveräußerlichen Rechte des palästinensischen Volkes (1975), 25 Mitglieder

Wirtschafts- und Sozialrat (54 Mitglieder)

Seine Subsidiärorgane: Arbeitsgruppe von Regierungssachverständigen zur Verwirklichung des Internationalen Pakts für wirtschaftliche, soziale und kulturelle Rechte (15 Mitglieder des Wirtschafts- und Sozialrates).

Menschenrechtskommission (1946), 43 Mitglieder

Arbeitsgruppen über:
– die Bestrafung des Verbrechens der Apartheid;
– massive Menschenrechtsverletzungen;
– verschwundene Personen;
– die Untersuchung der Förderung der Menschenrechte;
– die Vorbereitung verschiedener Konventionen.
Unterkommission zur Verhinderung der Diskriminierung und zum Schutze der Minderheiten (1947), 27 Sachverständige und Arbeitsgruppen über:
– Beschwerden, die an die Unterkommission weitergeleitet werden,
– Sklaverei,
– indigene Völker,
– und Arbeitsgruppen zu sitzungsbezogenen Themen.

Kommission für die Rechtsstellung der Frau (1946), 32 Mitglieder

Ausschüsse, die im Zusammenhang mit Übereinkommen der Vereinten Nationen zum Schutz der Menschenrechte eingesetzt wurden

Ausschuß für die Beseitigung rassischer Diskriminierung (gem. Art. 8 des Internationalen Übereinkommens zur Beseitigung aller Formen rassischer Diskriminierung, 18 Sachverständige, die für vier Jahre gewählt werden, 1970): Prüfung der Staatenberichte, die aufgrund des Übereinkommens vorzulegen sind, und Abgabe von Empfehlungen.
Menschenrechtsausschuß (1977), gem. Art. 28 des Internationalen Paktes über bürgerliche und politische Rechte, 18 gewählte Sachverständige.
Ausschuß für die Beseitigung der Diskriminierung der Frau (23 Sachverständige): prüft die Fortschritte, die bei der Umsetzung der Konvention über die Beseitigung jeder Form von Diskriminierung der Frau erzielt werden.

Zentrum für Menschenrechtsfragen (Sekretariat, Genf)

Büro des Untergeneralsekretärs für Menschenrechte
Abteilung für die Durchführung der internationalen Übereinkommen
Abteilung für Gesetzgebung und zur Verhütung von Diskriminierungen
Beratende Dienste, fachliche Beratung und Unterstützung

Bereiche, in dem hehre Worte sich gegen jene richten, die sie äußerten, ohne daran zu glauben. So wie die Deklarationen über Freiheitsrechte zum Umsturz einiger Diktaturen beitrugen und wie die Beteuerung des Selbstbestimmungsrechts der Völker die Entkolonialisierung förderte, entfaltet auch der Diskurs über die Menschenrechte schließlich eine reale Wirkung.

In diesem Fall handelte es sich um einen Diskurs, der hauptsächlich von den westlichen Staaten ausging. Die Väter der UN-Charta wollten vor allem die Bürger der reichen Staaten ansprechen, als sie in der Präambel ihren Glauben »an die Grundrechte des Menschen, an Würde und Wert der menschlichen Persönlichkeit, an die Gleichberechtigung von Mann und Frau« zum Ausdruck brachten und sich verpflichteten, »den sozialen Fortschritt und einen besseren Lebensstandard in größerer Freiheit zu fördern«. Die am 10. Januar 1948 von der Generalversammlung verabschiedete Allgemeine Erklärung der Menschenrechte und der Internationale Pakt über die staatsbürgerlichen und politischen Rechte von 1966 sind in dieser Hinsicht Ausdruck der westlichen Wertordnung. Doch die Menschenrechte sind universell, und die fortschreitende Umsetzung des Internationalen Paktes über wirtschaftliche, soziale und kulturelle Rechte (ebenfalls aus dem Jahr 1966) wird vielleicht eines Tages einen Konsens über eine Wertordnung erlauben, die für alle Völker annehmbar ist.

3.14 Gesamtbilanz

Die Erfolgsbilanz der UNO im wirtschaftlichen, sozialen und humanitären Bereich ist, wie dieser kurze Überblick zeigt, recht dürftig. Die Organisation ist von der Behandlung aller grundlegenden wirtschaftlichen Fragen wie Währungsangelegenheiten, Kreditvergabe, Investitionen und (trotz der UNCTAD) Welthandel ausgeschlossen. Und in den Aufgabenbereichen, die ihr zugewiesen sind, konnte sie nur in jenen Bereichen (einschließlich des humanitären Bereichs) echte Erfolge erzielen, für die sich die Regierungen der reichen Länder aus welchen Gründen auch immer interessierten, wodurch sie zur Stabilisierung der bestehenden Ordnung beitrug. Ihr Beitrag zur Entwicklung der armen Länder blieb begrenzt und in vielen Fällen wirkungslos.

Wird die UNO, diese kleine Welt für sich, die ihre Existenzberechtigung weitgehend aus sich selbst zieht, die Spiele spielt, die sie selbst erfunden hat, und die in einer seltsamen Abschottung von der wirklichen Welt lebt, die sie doch eigentlich repräsentieren sollte, noch lange falsche Hoffnungen wecken können?

4. Die UNO und die internationale Sicherheit seit dem Ende des Kalten Krieges

Nach dem Ende des Kalten Krieges hat sich zum dritten Mal in der Geschichte der Weltorganisation das »Illusions-Desillusions-Szenario« wiederholt, ohne daß deshalb die Struktur der UNO in Frage gestellt wurde. Im Gegenteil: Statt zu erwägen, die UNO durch eine neue Institution zu ersetzen, spricht man seit 1985 unentwegt von ihrer Erneuerung, ihrer Stärkung und von der Möglichkeit, ihre Leistungsfähigkeit voll auszuschöpfen, da der politische Kontext ihr nun endlich zu erlauben scheint, so zu funktionieren, wie ihre Gründungsväter es sich vorstellten. Dies ist zweifellos darauf zurückzuführen, daß das Verschwinden des Kommunismus, die Schwächung der Machtposition der UdSSR und schließlich ihr Zerfall in mehrere Staaten dem Westen und vor allem den USA einen beherrschenden Einfluß auf die Organisation verschaffte, die er nun nach seinem Belieben einsetzen kann. Man ändert ein derart praktisches Instrument nicht ausgerechnet in dem Augenblick, in dem man die faktische Verfügungsgewalt darüber erwirbt. Überdies deckte sich die nunmehr weltweit vorherrschende Ideologie des Liberalismus mit den Bestimmungen der UN-Charta, die das militärische Bündnis zwischen den großen Demokratien organisiert, um weltweit Frieden und die Achtung der Menschenrechte durchzusetzen.

Daher ist es nicht erstaunlich, daß es gelang, die Öffentlichkeit von dieser »Aufwertung« der UNO zu überzeugen, und zwar bis zum Zweiten Golfkrieg von 1990–1991. Die weitverbreitete Sicht der internationalen Beziehungen beschränkte sich übrigens nicht auf die Länder des Nordens. Aufgrund der Schwäche Chinas und der gestiegenen wirtschaftlichen Abhängigkeit der Entwicklungsländer von den reichen Ländern wurde sie praktisch einhellig geteilt. In dieser Situation konnte die Weltorganisation einige begrenzte Erfolge verbuchen und einige gute Dienste leisten. Doch wie schon beim Völkerbund zwischen 1920 und 1930 geschehen, wurden diese Erfolge rasch von zahlreichen Mißerfolgen überschattet. Konfrontiert mit der Entstehung neuer innerstaatlicher Konflikte, die nichts von ihrer Grausamkeit verloren haben, auch wenn sie nicht mehr von den beiden Blöcken, die sich während des Kalten Krieges feindlich gegenüberstanden, geschürt werden, hat sich die UNO der Friedensstiftung durch Bestrafung der Aggressoren zugewandt. Doch das Zaudern im westlichen Lager und die divergierenden Standpunkte und Interessenlagen der Mitglieder dieses Lagers haben die praktische Umsetzung dieser Neuorientierung verhindert, wie der Jugoslawien-Konflikt zeigt. Offenbar haben weder die Weltorganisation noch ihre Mitgliedsstaaten ernsthaft über die tieferen Ursachen dieser neuen Konflikte nachgedacht, die sich in Afrika, in Asien und in den südlich von Rußland gelegenen ehemaligen Republiken der Sowjetunion sowie in Europa selbst entwickeln. Schon 1992 gewann der Pessimismus die Oberhand, doch offenbar hat niemand daraus den Schluß gezogen, man müsse das Instrumentarium ändern. Da es an einer Strategie zur Prävention vorhersehbarer künftiger Auseinandersetzungen fehlt, dürften die Friedensträume utopischer sein denn je zuvor.

4.1 Eine neue Hoffnung, eine verpaßte Chance

Das Ausmaß des Umbruchs, der sich nach dem Regierungsantritt von Michail Gorbatschow am 10. März 1985 vollzog, erstaunt noch immer. Die internationale Staatengemeinschaft ist aus einem Zustand, der durch den Ost-West-Gegensatz stabilisiert, ja zementiert worden war und in dem beide Seiten sich auf bestimmte Gewißheiten verlassen konnten, in eine instabile Lage raschen, fortwährenden Wandels getreten, der zahlreiche Institutionen und insbesondere die Militärbündnisse in Frage stellt. Die UNO, die sich – nach der Metapher, die einer ihrer ehemaligen Generalsekretäre verwendet hat [32] – im »Auge des Zyklons« befindet, blieb davon nicht verschont. Schon sehr frühzeitig im Verlauf der Umwälzungen im Osten wurde dem Westen ein Vorschlag zur Aufwertung der Weltorganisation unterbreitet. Die Art und Weise, wie die westlichen Regierungen diesen Vorschlag ablehnten, verdient eine nähere Betrachtung. In einem Artikel, der am 27. September 1987 in der *Prawda* und der *Iswestija* veröffentlicht wurde, schrieb Michail Gorbatschow:

»Die Verflechtung und gegenseitige Abhängigkeit der Staaten dieser komplexen und vielgestaltigen Welt nimmt zwangsläufig immer mehr zu. Und unsere Welt bedarf immer dringlicher eines Mechanismus, der die verantwortungsvolle Erörterung gemeinsamer Probleme durch hochrangige Vertreter ermöglicht. Dieser Mechanismus soll das gemeinsame Streben nach einem Ausgleich zwischen den unterschiedlichen, gegensätzlichen und dennoch berechtigten Interessen der gegenwärtigen Gemeinschaft von Staaten und Nationen erlauben. Die UNO ist aufgrund der Ideen, die ihr geistiges Fundament bilden, und aufgrund ihrer Entstehung dazu berufen, diese Aufgabe zu übernehmen, und wir sind sicher, daß sie diese Rolle erfüllen kann.«

Zu den konkreten Vorschlägen, die sich an diese Vorrede anschlossen, gehörten: die Anerkennung der obligatorischen Gerichtsbarkeit des Internationalen Gerichtshofs vor allem durch die ständigen Mitglieder des Sicherheitsrates; die Erweiterung des Einsatzes militärischer Beobachtergruppen und Friedenstruppen; die Abhaltung der Sitzungen des Sicherheitsrats auf Ministerebene; die Gründung einer Internationalen Weltraumbehörde; der Aufbau eines medizinischen Kooperationsnetzwerks im Rahmen der Weltgesundheitsorganisation; gemeinsame Studien zum Zweck der Errichtung eines »vollständigen Systems der internationalen Sicherheit«; die Offenlegung der Verteidigungsausgaben zahlreicher Staaten; ein Abkommen zur Verhinderung des illegalen Handels mit Kernmaterial; die Prüfung der vorhandenen Vorschläge zur Reform der UNO und ihres Systems; ein Dialog über die Umstrukturierung des internationalen Währungssystems; die Gründung eines Beirates aus Vertretern der geistigen Eliten der Erde; ein System zur Früherkennung neuer Weltwirtschaftsprobleme; die Erhöhung der Entwicklungshilfeleistungen der UdSSR, parallel zu Fortschritten bei den Abrüstungsverhandlungen; die Errichtung eines Weltinformationssystems, das zum Abbau stereotyper »Feindbilder« beiträgt. Diese Vorschläge respektieren zweifellos die UNO und ihre Charta, zumindest formell gesehen, und sie konnten sogar als eine Anerkennung ihrer Bedeutung erscheinen. Tatsächlich waren sie in vielerlei Hinsicht revolutionär, und die westlichen Regierungen haben sich darin nicht getäuscht. Es ging darum, durch eine Intensivierung der internationalen Zusammenarbeit, vor allem aber durch eine tiefgreifende Umgestaltung des Sicherheitssystems (die Errichtung eines »umfassenden Systems der internationalen Sicherheit«) und durch die Reform der Strukturen des UN-Systems (Prüfung der bestehenden Vorschläge zur Reform der UNO und ihres Systems) einschließlich der Bretton-Woods-Institutionen (Neustrukturierung des internationalen Währungssystems) die Grundlagen und die Rolle der Weltorganisation völlig neu zu definieren.

Vor allem das neue Sicherheitssystem beunruhigte die westlichen Staaten. Dieses System (das unter seiner englichen Abkürzung CSPS, *Comprehensive System of Peace and Security*, bekannt ist) umfaßte insbesondere die folgenden Punkte: die streng überwachte Verringerung der Rüstungen aller Staaten auf ein für die Selbstverteidigung unabdingbares Mindestmaß; die Auflösung der Militärbündnisse; die Verringerung der Verteidigungshaushalte; die Verhinderung eines Rüstungswettlaufs im Weltall; die Einstellung sämtlicher Kernwaffenversuche und die völlige Vernichtung sämtlicher Kernwaffen; die Errichtung einer Wirtschaftsordnung, die allen Staaten wirtschaftliche Sicherheit gewährleistet; die Ausarbeitung von Grundsätzen, um einen Teil der durch die Verringerung der Verteidigungshaushalte freigewordenen Mittel zum Wohl der Weltgemeinschaft, primär der Entwicklungsländer, zu verwenden; der Einsatz der Vereinten Nationen zur Überwachung der Abrüstungsvereinbarungen; die Garantie regionaler Sicherheitsabkommen durch die ständigen Mitglieder des Sicherheitsrats.

Der Westen konnte gegenüber diesen Vorschlägen zwei Haltungen einnehmen: sie ernstnehmen und sie ohne Vorbehalt erörtern, um gemeinsam ein neues Sicherheitssystem zu erarbeiten, oder sie verächtlich mit dem Hinweis zurückweisen, das Ganze sei ein sowjetischer Trick mit dem Ziel, die Wachsamkeit der westlichen Staaten vorzeitig zu hintertreiben und massive Wirtschaftshilfe zu erlangen.

Man hat sich ohne Umschweife für die zweite Haltung entschieden. Mochte Michail Gorbatschow, parallel zu diesem Angebot, noch so viele Beweise seiner Aufrichtigkeit geben, insbesondere im Bereich der Abrüstung – Unterzeichnung des INF-Vertrages über den vollständigen Abbau der nuklearen Mittelstreckenwaffen, die Ankündigung einer einseitigen Truppenreduzierung um 500000 Mann kurze Zeit später, positive Haltung bei den Verhandlungen über konventionelle Waffen, Ankündigung des Rückzugs der sowjetischen Truppen aus Afghanistan ... –, so sahen die westlichen Regierungen in diesen Vorschlägen doch weiterhin nur eine Falle. Sollte mit der Gründung einer Internationalen Weltraumbehörde nicht die Strategische Verteidigungsinitiative (»Star Wars«) von Präsident Reagan hintertrieben werden? Sollten mit der CSPS etwa nicht die kollektive Sicherheit und die Charta selbst in Frage gestellt bzw. die NATO zerstört werden? Wollte die UdSSR mit der Umstrukturierung des Währungssystems etwas anderes erreichen als eine wirtschaftliche Machtstellung, die ihr nicht zustand? Gehörten die Vorschläge über die »wirtschaftliche Sicherheit« nicht zu den altbekannten leeren Versprechungen, die die UdSSR schon seit langem als Propagandawaffe gegen den Westen einsetzte, um sich bei den Entwicklungsländern einzuschmeicheln? Letztlich scheiterten die Versuche der sowjetischen Delegation, Gespräche über diese Probleme anzuknüpfen, und sie gerieten rasch in Vergessenheit.

Ein weiteres Mal setzte sich der »Realismus« des Westens gegen die Vorschläge eines Visionärs durch. Fast 75 Jahre nach US-Präsident Wilson scheiterte Michail Gorbatschow an den überkommenen Vorstellungen der politischen Führungsschicht des Westens und am Konservatismus der zahlreichen *establishments*, wie etwa der Militärs. Eine neue Konzeption von »globaler Sicherheit« und ein Nachdenken über die Eigenart der neuen Bedrohungen und über die neuen Konflikttypen hätte die alten Vorstellungen und die traditionellen Denkschemata allzu sehr erschüttert. So gab man sich lieber dem Glauben hin, daß die neue sowjetische Haltung einer Erneuerung der UNO und den Beginn einer Ära des Friedens erlauben würde, ohne daß hierfür neue Strukturen erforderlich seien.

4.2 Neue Illusionen

Diese optimistische Einschätzung der Rolle der Organisation beruhte auf einer mehrstufigen Argumentation:

- Nachdem die UNO von der Ost-West-Blockade, die sie 40 Jahre lang an einem effizienten Funktionieren gehindert hatte, befreit war, sei sie in der Lage, das System der kollektiven Sicherheit neu zu beleben. Aufgrund des nunmehr gesicherten Einvernehmens aller fünf ständigen Mitglieder des Sicherheitsrates gehöre die Veto-Politik endgültig der Vergangenheit an. Aggressionen würden streng bestraft, was langfristig eine abschreckende Wirkung hätte. Der Einfall irakischer Truppen in Kuwait kam gerade zur rechten Zeit, um diese Ansicht zu untermauern, da man die unter der Verantwortung des Sicherheitsrates erfolgte unverzügliche Bestrafung des Aggressors durch eine internationale Streitmacht als beispielhaft hinstellen konnte.
- Die sogenannten »Regionalkonflikte«, deren Entstehung und Fortdauer man auf die Unterstützung zurückführte, die die beiden Supermächte während des Kalten Krieges verfeindeten Gruppierungen zukommen ließen, könnten ebenfalls beigelegt werden. Infolge des Abzugs der sowjetischen Truppen aus Afghanistan, der Einstellung der US-Unter-

stützung für die *Contras* in Nicaragua und des Abzugs kubanischer Truppen aus Namibia und Angola könnte die UNO die Blauhelm-Operationen ausweiten und zur Stabilisierung des Friedens beitragen.

❑ Die Methode dieser friedenssichernden Operationen bestand darin, durch diplomatischen Druck und die Einstellung der Unterstützung für die verfeindeten Lager einen Waffenstillstand zu erreichen, diesen Waffenstillstand durch die unverzügliche Stationierung von Blauhelmen entlang der Waffenstillstandslinien abzusichern, mit dem Einverständnis der Parteien an der Wiederherstellung des Friedens mitzuwirken, indem man die UNO mit unterschiedlichen Missionen beauftragte, wie etwa der Entwaffnung der Kämpfer oder administrativer Unterstützung, aber vor allem mit der Abhaltung freier Wahlen unter internationaler Aufsicht, um eine demokratische Regierung einzusetzen, die den Frieden festigen und das Land wiederaufbauen sollte.

Im Zuge dieser Erneuerung der UNO könnten der Generalsekretär und der Sicherheitsrat auch das Instrument der »Präventivdiplomatie« ausbauen, das Boutros-Ghali in seiner »Agenda für den Frieden« als die »wünschenswerteste und wirksamste Form der Diplomatie« bezeichnet hat, »um Spannungen abzubauen, bevor sie in einen Konflikt münden bzw. um einen bereits ausgebrochenen Konflikt mit subtilen Mitteln einzudämmen und seine tieferen Ursachen zu bekämpfen«. Die Diplomaten würden also ihre Fähigkeiten unter Beweis stellen können, sofern ein »Frühwarnsystem« (*early warning system*) sie rechtzeitig über potentielle Konflikte informierte. Und bei Konflikten, die bereits ausgebrochen wären, könnte man Blauhelme präventiv stationieren, um Zwischenfällen vorzubeugen. Man könnte sogar an die Schaffung entmilitarisierter Zonen denken. Diese Argumentation, die offiziell von zahlreichen Regierungen und von den Medien übernommen wurde, trug dazu bei, daß die Öffentlichkeit in den westlichen Staaten an eine »Renaissance« der UNO glaubte. Die Bilder vom Golf-Krieg und von den Blauhelmen, die in großer Zahl in vielen Ländern stationiert wurden, haben diese offizielle Propaganda weiter unterstützt. In der Tat gab man sich einige Jahre lang, nämlich zwischen 1987 und 1992, diesen neuen Illusionen hin. Im Grunde genommen wurden sie allerdings nur von sehr wenigen der für die Außenpolitik zuständigen Regierungsmitglieder in den USA und den übrigen großen westlichen Staaten geteilt. Der Westen, der keineswegs eine globale Sichtweise übernahm und kein Vertrauen in die friedensstiftenden Fähigkeiten der UNO hatte, bemühte sich, für jedes Problem mehrere Lösungen zu finden, und er bezog die

UNO nur in eines davon ein. Ungeachtet des Geredes von der »gegenseitigen Verflechtung« und vom »globalen Dorf«, das damals in Mode kam, haben die USA – und in ihrem Gefolge auch die europäischen Großmächte – klar unterschieden: weiterhin zweiseitige Verhandlungen zwischen den USA und der UdSSR über alle Fragen der nuklearen Abrüstung; die Nutzung der Konferenz für Sicherheit und Zusammenarbeit in Europa (KSZE) als Rahmen für neue Verhandlungsinitiativen über konventionelle Abrüstung; die Beschränkung bilateraler bzw. multilateraler Friedensverhandlungen auf »Regionalkonflikte«; schließlich der Einsatz der UNO für sogenannte friedenssichernde Operationen, die zur Stabilisierung von Waffenstillstandsvereinbarungen erfolgen.

Die Rolle der Organisation wurde absichtlich auf *nachträgliche* Interventionen beschränkt. Die Aufgaben im Bereich der Friedensschaffung (*peace-making*) und Friedenssicherung (*peace-keeping*) wurden auch weiterhin fein säuberlich auseinandergehalten; nur die zweite Aufgabe dachten die Großmächte der Weltorganisation zu (außer in den wenigen Fällen, in denen keinerlei Erfolgsaussichten bestanden). Und tatsächlich wurden die Verhandlungen über Konfliktlösungen sowohl in Kambodscha als auch in Namibia und im Nahen Osten entweder unter der Schirmherrschaft nur der USA oder mehrerer Großmächte geführt. Diese Aufgabenverteilung erschien um so selbstverständlicher, als die Regierungschefs der großen westlichen Staaten im neuen Klima des Optimismus und der Siegesfreude, das ihr Vorgehen zu rechtfertigen schien, glaubten, die Beilegung dieser Konflikte sei eine relativ leichte Aufgabe. Es gab keinerlei Grund, das Verdienst daran der UNO zu überlassen.

Diese neue Mischung aus überkommenem Realismus und Illusionen hat zwar gewiß zu manchen Erfolgen geführt, doch sie scheiterte hinsichtlich der kollektiven Sicherheit ebenso wie in bezug auf die Beilegung und Verhütung der meisten innerstaatlichen Konflikte. In Kasten XX sind die Interventionen der UNO aufgeführt, die zwischen 1987 und 1995 in Form von Beobachtermissionen oder UN-Friedenstruppen stattfanden.

Kasten XX. Beobachtermissionen und Friedenstruppen der Vereinten Nationen zwischen 1987 und 1995

1988 und 1989: 5 Missionen

❑ *UNGOMAP. Gute-Dienste-Mission der Vereinten Nationen in Afghanistan und Pakistan. – April 1988 bis März 1990.* Mandat: Den Sonderbeauftragten des Generalsekretärs bei seinen Guten Diensten unterstützen, um die Umsetzung des Übereinkommens zu sichern. 35 Militärbeobachter (aus 10 Staaten). Kosten: 14 Mio. US-Dollar.

❑ *UNIIMOG. Militärische Beobachtergruppe der Vereinten Nationen für Irak und Iran. – August 1988 bis Februar 1991.* Mandat: Überprüfung und Überwachung des Waffenstillstands. 400 Personen (aus 27 Staaten). Kosten: 171 Mio. US-Dollar.

❑ *UNAVEM I. Verifikationsmission der Vereinten Nationen in Angola. – Januar 1989 bis Juni 1991.* Mandat: Überwachung der Verlegung der kubanischen Truppen nach Norden und ihres stufenweisen Abzugs. 61 Militärbeobachter. Kosten: 16,9 Mio. US-Dollar.

❑ *UNTAG. Unterstützungseinheit der Vereinten Nationen für die Übergangszeit (Namibia). – April 1989 bis März 1990.* Mandat: Unterstützung des Sonderbeauftragten des Generalsekretärs bei der Verwirklichung der Unabhängigkeit Namibias durch Abhaltung freier und ordnungsgemäßer Wahlen. 8000 Personen, darunter 2000 Zivilisten (plus 1000 Personen, die eigens als Wahlbeobachter eingesetzt wurden), 1500 Polizisten und 4500 Militärpersonen (aus 51 Staaten). Kosten: 368,3 Mio. US-Dollar.

❑ *ONUCA. Beobachtergruppe der Vereinten Nationen in Zentralamerika (Costa Rica, El Salvador, Guatemala, Honduras und Nicaragua). – November 1989 bis Januar 1992.* Mandat: Bestätigen, daß die fünf Staaten ihrer Verpflichtung zu Einstellung sämtlicher Hilfeleistungen an irreguläre Truppen in der Region nachkommen. Hat zudem an der freiwilligen Entwaffnung der *Contras* mitgewirkt und den Waffenstillstand in Nicaragua überwacht. 1068 Personen (aus 10 Staaten). Kosten: 90,5 Mio. US-Dollar.

Zwischen 1991 und 1994 aufgestellt:

❑ *UNIKOM. Beobachtermission der Vereinten Nationen für Irak und Kuwait.* – Seit *April 1991.* Mandat: Schutz der entmilitarisierten Zone entlang der Grenze zwischen Irak und Kuwait. 3645 Militärpersonen und 270 Zivilisten. Ende 1993: 320 Militärpersonen und 188 Zivilisten. Kosten: etwa 65 Mio. US-Dollar.

❑ *UNAVEM II. Verifikationsmis-*

sion der Vereinten Nationen für Angola II. – Seit *Juni 1991.* Mandat: Überwachung des Waffenstillstands. Abhaltung von Wahlen (die am 29. und 30. September 1992 stattfanden), aber erneuter Ausbruch von Kämpfen. Präsenz aufrechterhalten, um den Friedensprozeß doch noch abzuschließen. 75 Militärbeobachter, 26 Polizeibeobachter. Kosten: 16,9 Mio. US-Dollar.

❑ *ONUSAL. Beobachtermission der Vereinten Nationen in El Salvador.* – Seit *Juli 1991.* Mandat: Überwachung der Umsetzung des Abkommens zwischen der Regierung und der FMLN (Frente Faraboundo Marti para la liberacion nacional). Die bewaffneten Auseinandersetzungen wurden offiziell am 15. Dezember 1992 eingestellt. ONUSAL soll die Wahlen im März 1994 überwachen. 1000 Militärpersonen und Polizisten und 140 Zivilisten. Ende 1993: 380 Militärpersonen und Polizisten sowie 70 Zivilisten. Anfang 1995: Mission auf 34 Personen reduziert. Kosten: 34 Mio. US-Dollar pro Jahr.

❑ *MINURSO. Mission der Vereinten Nationen für die Abhaltung eines Referendums in der Westsahara.* – Seit *September 1991.* Mandat: Überwachung des Waffenstillstands und Umsetzung der »Schlichtungsvorschläge«, die im August 1988 von Marokko und der Befreiungsbewegung Polisario angenommen wurden. Abhaltung eines Referendums und Bekanntgabe der Ergebnisse. Der Plan wurde nicht verwirklicht. Beschränkung der Mission auf die Überwachung des Waffenstillstands. 225 Militärbeobachter, 100 Militärpersonen und 103 Zivilisten. Kosten: 35 Mio. US-Dollar pro Jahr.

❑ *UNAMIC. Vorausmission der Vereinten Nationen in Kambodscha. – Oktober 1991 bis März 1992.* Mandat: Den vier kambodschanischen Parteien dabei helfen, in der Übergangszeit bis zur Stationierung der UNTAC den Waffenstillstand zu überwachen. Schulungsprogramm für Kambodschaner zur Räumung von Minen. 1504 Militärpersonen und Zivilisten (aus 26 Staaten). Kosten: 20 Mio. US-Dollar.

❑ *UNOSOM I. Operation der Vereinten Nationen in Somalia I. – April 1992 bis April 1993.* Mandat: Die Einhaltung des Waffenstillstands in Mogadischu überwachen, den Schutz des UN-Personals sicherstellen und die Verteilung der humanitären Hilfe in der Hauptstadt und später im ganzen Land militärisch absichern. Genehmigte Truppenstärke, die jedoch nicht erreicht wurde: 50 Militärbeobachter, 3500 Sicherheitskräfte, 200 Zivilpersonen. Kosten: 109 Mio. US-Dollar.

❑ *UNPROFOR. Schutztruppe der Vereinten Nationen (Ex-Jugoslawien).* – Seit *März 1992.* Bosnien-Herzegowina, Kroatien, Föderative Republik Jugoslawien (Serbien und Montenegro), ehemalige jugoslawische Teilrepublik Makedonien. Mehrfach geändertes Mandat: ursprünglich vorübergehende Operation zur Schaffung der Friedensbedingungen, die für die Vereinbarung einer Gesamtregelung der Krise in Jugoslawien erforderlich sind. Stationiert in drei UN-Schutzzonen (UNPAs), um sicherzustellen, daß diese Zonen entmilitarisiert werden, und ihre Bewohner gegen bewaffnete Übergriffe zu schützen. Im *Juni 1992:* Ausweitung des Mandats auf die Überwachung der Zonen (sogenannte »rosa Zonen«), die außerhalb der UNPAs liegen. Im *August 1992:* Die Truppe soll zusätzlich an den Demarkationslinien der UNPAs, die mit den international anerkannten Grenzen übereinstimmen, grenz- und zollpolizeiliche Aufgaben wahrnehmen. Im *Oktober 1992:* Ausweitung des Mandats auf die Überwachung der Entmilitarisierung der Halbinsel Prevlaka, nahe Dubrovnik, und des Peruca-Staudammes.

Für Bosnien-Herzegowina: Nachdem sich die Lage weiter verschlechtert hat, werden im *Juni 1992* die Stärke und das Mandat von UNPROFOR erweitert. Die Truppe soll die Funktionstüchtigkeit und die Sicherheit des Flughafens von Sarajewo und die Verteilung humanitärer Hilfslieferungen in der Stadt gewährleisten. Im *September 1992:* Außerdem sollen die Bemühungen des UN-Flüchtlingskommissars, die humanitäre Hilfe im gesamten Land zu verteilen, unterstützt und Konvois mit freigelassenen Gefangenen geschützt werden, wenn das Internationale Komitee vom Roten Kreuz darum ersucht. Im *November 1992:* Überwachung der Einhaltung des Verbots von Militärflügen im Luftraum über Bosnien-Herzegowina. Im *April 1993:* Srebrenica wird zur Sicherheitszone erklärt. Im *Mai 1993:* Der Sicherheitsrat fordert, daß fünf weitere Städte zu Sicherheitszonen erklärt werden.

Für die ehemalige jugoslawische Teilrepublik Makedonien: UNPROFOR-Verbände werden im *Dezember 1992* auf Ersuchen des Präsidenten der ehemaligen Teilrepublik stationiert, um die weitere Entwicklung der Lage zu überwachen und die Grenzgebiete zu schützen.

Stärke (Anfang 1993): 39789 Militärpersonen und Zivilisten (aus 35 Staaten), davon 14000 in Kroatien, 9200 in Bosnien-Herzegowina, 750 in der ehemaligen jugoslawischen Teilrepublik Makedonien. Kosten: 1,02 Mrd. US-Dollar pro Jahr.

❑ *UNTAC. Übergangsbehörde der Vereinten Nationen in Kambodscha. – März 1992–24. September 1993* (Abzug beendet am *15. November 1993*). Gemäß dem am *23. Oktober 1991* in Paris unterzeichneten Abkommen über eine politische Gesamtlösung des Kambodscha-Konfliktes hat der Oberste Nationalrat (ONR), in dem die vier kambodschanischen Konfliktparteien vertreten sind, sämtliche für die Umsetzung des Abkommens erforderlichen Befugnisse auf die UNO übertragen. Das Mandat der UNTAC wird im Text dieses Kapitels beschrieben: zwischen dem *23. und dem 28. Mai 1993* wurden Wahlen abgehalten, und die neue kambodschanische Regierung wurde gebildet. 22000 Militärpersonen und Zivilisten (aus 46 Staaten). Kosten: 1,6 Mrd. US-Dollar für den Zeitraum *November 1991 bis 31. Juli 1993.* Zuzüglich 880 Mio. US-Dollar für die Repatriierung und Wiedereingliederung der Flüchtlinge.

❑ *ONUMOZ. Operation der Vereinten Nationen in Moçambique. – Dezember 1992–Dezember 1994.* Gemäß dem am *4. Oktober 1992* in Rom vom Staatspräsidenten und dem Anführer der RENAMO unterzeichneten Friedensabkommen umfaßt das Mandat vier Aufgaben: 1. die politische Mitwirkung an der Umsetzung des Abkommens; 2. die Überwachung des Waffenstillstands, der Demobilisierung und der Entwaffnung der militärischen Kräfte; die Gewährleistung der öffentlichen Sicherheit und Ordnung; 3. Bereitstellung technischer Hilfe für die Überwachung der Wahlen; 4. die Koordination und Überwachung der gesamten humanitären Hilfe. Ende 1994: Truppenstärke 5063 Militärpersonen und Zivilisten (aus 21 Staaten). Kosten: 210 Mio. US-Dollar pro Jahr.

❑ *UNOSOM II. Operation der Vereinten Nationen in Somalia II. – Mai 1993–Dezember 1994.* Aufgrund der Verschlechterung der Sicherheitslage in Somalia beschließt der damalige US-Präsident Bush, militärisch einzugreifen. Im *Dezember 1992* erhalten die USA vom Sicherheitsrat die Bewilligung zu einer Militäraktion auf Landesebene, und die vereinte internationale Eingreiftruppe wird ermächtigt, sämtliche Maßnahmen zu ergreifen, um eine sichere Abwicklung der humanitären Hilfe zu gewährleisten. Im *März 1993* billigt der Sicherheitsrat den Antrag des Generalsekretärs, die Aufgaben der internationalen Eingreiftruppe auf UNOSOM II zu übertragen. Die Übertragung des Kommandos findet im *Mai 1993* statt. UNOSOM II soll die öffentliche Sicherheit und Ordnung wiederherstellen, dem somalischen Volk beim Wiederaufbau der Wirtschaft helfen, für eine nationale politische Aussöhnung sorgen, wieder einen demokratischen Staat Somalia errichten und die Wirtschaft umgestalten. Der Sonderbeauftragte des Generalsekretärs ist ein Amerikaner: Admiral J. T. Howe. Bewilligte Truppenstärke: 28 000 Militärpersonen und 2800 Zivilisten (aus 34 Staaten). Geschätzte Kosten pro Jahr: 1,55 Mrd. US-Dollar. Vollständiger Rückzug Ende 1994.

❑ *UNOMUR. Beobachtermission der Vereinten Nationen in Uganda/Ruanda.* – Seit *Juni 1993.* Wird eingegliedert in *UNAMIR. Unterstützungsmission der Vereinten Nationen für Uganda. – Seit 5. Oktober 1993.* Bewilligte Truppenstärke: 2548. Kosten: 8 Mio. US-Dollar pro Jahr. 1994 Aufrechterhaltung der Mission trotz vollständigen Rückzugs der Truppen mit Beginn des Völkermords. Januar 1995: 5522 Personen.

❑ *UNOMIG. Beobachtermission der Vereinten Nationen in Georgien. –* Seit *August 1993.* Bewilligte Truppenstärke: 88; Januar 1995: 34. Voraussichtliche Kosten: 23 Mio. US-Dollar pro Jahr.

❑ *UNOMIL. Beobachtermission der Vereinten Nationen in Liberia.* – Seit *22. September 1993.* Bewilligte Truppenstärke: 368 (Ende 1993: 31). Geschätzte Kosten: 63 Mio. US-Dollar pro Jahr.

❑ *UNMIH. Mission der Vereinten Nationen in Haiti.* – Seit dem *23. September 1993.* Bewilligte Truppenstärke von 1267 auf 6567 gestiegen; Januar 1995: 74. Jährliche Kosten: 50 Mio. US-Dollar.

❑ *MONUT.* Beobachtermission in Tadschikistan. Bewilligte Truppenstärke: 40. Januar 1995: 17. Geschätzte Kosten: 1,1 Mio US-Dollar.

Missionen der Vereinten Nationen, die vor 1987 eingeleitet wurden und noch immer andauern:

❑ *UNTSO. Organisation der Vereinten Nationen zur Überwachung des Waffenstillstands in Palästina.*

❑ *UNDOF. Beobachtertruppe der Vereinten Nationen für die Truppenentflechtung zwischen Syrien und Israel auf den Golan-Höhen.*

❑ *UNIFIL. Interimstruppe der Vereinten Nationen im Libanon.*

❑ *UNMOGIP. Militärische Beobachtergruppe der Vereinten Nationen in Indien und Pakistan.*

❑ *UNFICYP. Friedenstruppe der Vereinten Nationen in Zypern.*

4.3 Der Golfkrieg und die Illusion einer Wiedergeburt der »kollektiven Sicherheit«

Der Golfkrieg von 1990–1991 war Anlaß für eine umfangreiche Propaganda-Aktion, die in erster Linie den Anschein erwecken sollte, daß hier die Regeln der kollektiven Sicherheit durchgesetzt wurden, daß das bei dieser Gelegenheit festgestellte Einvernehmen der fünf ständigen Mitglieder des Sicherheitsrates nunmehr von Dauer sei und daß dieser Krieg die Errichtung einer »neuen Weltordnung« ermöglicht habe. Tatsächlich ging es darum, die von den USA beschlossene Strafaktion gegen den Irak vom Sicherheitsrat absegnen zu lassen. Dabei standen konkrete Interessen auf dem Spiel, das Kräftegleichgewicht im Nahen Osten, die Sicherung der Rohölversorgung des Westens und der Schutz des Staates Israel. Diese Interessen waren gewichtig genug, um die USA zum militärischen Eingreifen zu veranlassen. Da die UdSSR und China nicht die Mittel besaßen, um sich einer solchen Intervention zu widersetzen, wurden die Beschlüsse der Amerikaner von den übrigen vier ständigen Mitgliedern des Sicherheitsrates mitgetragen.

Doch wenngleich die Wirtschaftssanktionen gemäß Kapitel VII der UN-Charta verhängt wurden, verlangten die USA, die fest entschlossen waren, die Leitung der Operation gänzlich in eigenen Händen zu halten, nicht, daß dasselbe Kapitel bei den militärischen Sanktionen angewandt wurde. So wurde die Kommandogewalt nicht dem in Art. 47 beschriebenen Generalstabsausschuß anvertraut, und anders als im Korea-Krieg kämpften die Truppen nicht unter der Fahne der Vereinten Nationen, auch wenn zahlreiche Staaten kleinere Kontingente entsandten, um die Aktion der USA symbolisch zu unterstützen. Die Resolution 678 des Sicherheitsrates, die die Mitgliedsstaaten dazu ermächtigte, »alle erforderlichen Mittel anzuwenden, um die Resolution 660 durchzusetzen«, die ihrerseits die irakische Invasion Kuwaits verurteilte, war eine Ermächtigung zur Anwendung militärischer Gewalt; sie ist völlig eindeutig.

Dagegen waren die spezifischen Instrumente der Vereinten Nationen sehr hilfreich, als es um die internationale Überwachung der Waffenstillstandslinie, um den Einsatz von Luftstreitkräften zum Schutz der von Saddam Hussein verfolgten Kurden (Resolution 688) und um eine genaue Bestandsaufnahme der irakischen Rüstung ging, die eine fortgesetzte Bedrohung für die Sicherheit in der Region darstellte (Resolution 693, in der eine Untersuchungsmission beschlossen wurde). Doch die Behauptung, daß mit dieser Intervention der Grundstein zu einer »neuen Weltordnung« gelegt worden sei, war reine Propaganda. Der Krieg in Jugoslawien zeigt deutlich, daß niemand an eine kollektive Militäraktion zur Bestrafung der Aggressoren denkt, solange keine »vitalen Interessen« auf dem Spiel stehen (oder zu stehen scheinen).

4.4 Die Versuche zur Beilegung innerstaatlicher Konflikte

Seit 1988 hat der Sicherheitsrat verstärkt Blauhelm-Missionen zur Friedenssicherung beschlossen. Fünf Operationen wurden zwischen 1988 und 1990 begonnen (sie wurden bereits 1992 wieder beendet, mit Ausnahme von UNAVEM I, die durch UNAVEM II verlängert wurde), fünf weitere 1991, vier 1992 und sechs 1993. Hinzu kommt eine große Zahl nicht-militärischer Interventionen in Form von zivilen Beobachtern, der Unterstützung bei freien Wahlen usw. Unter Berücksichtigung der fünf Operationen, die in den vorangehenden Jahrzehnten eingeleitet wurden und immer noch andauern, mußte die UNO zwischen 1988 und 1994 24 Operationen bewältigen (s. Kasten XX, S. 129f), davon 9 in Afrika, 7 im Nahen Osten, je 3 in Asien und Lateinamerika und 2 in Europa. Man hat diese Operationen als »Operationen der zweiten Generation« bezeichnet, weil ihre Ziele und ihre Methoden im Vergleich zu den traditionellen Missionen der ersten drei Jahrzehnte erheblich erweitert wurden. Der Sicherheitsrat hat die Generalversammlung überflügelt, die humanitären Aktivitäten haben stark zugenommen, und die wirtschaftlichen und sozialen Aktivitäten der Organisation wurden in den Hintergrund gedrängt. Aus diesem Grund wird die UNO nicht mehr von der Mehrheit der Entwicklungsländer beherrscht; sie ist wieder zu einer Organisation geworden, in der der Westen den Ton angibt, und die USA spielen wieder eine herausragende Rolle.

Das System zur Finanzierung der Organisation wurde grundlegend umgestaltet. 1986 standen der UNO Finanzmittel in Höhe von etwa 2 Milliarden Dollar zur Verfügung; 730 Millionen davon entfielen auf den ordentlichen Haushalt, 1,125 Milliarden auf außerordentliche Zuwendungen (operative und humanitäre Aktivitäten) und 155 Millionen auf friedenssichernde Maßnahmen (das entspricht 7,4 Prozent der Gesamtausgaben). 1992 stiegen die Ausgaben der UNO von 2 auf 5,54 Milliarden US-Dollar, wobei dieser Anstieg im wesentlichen auf die Kosten der friedenssichernden Operationen zurückgeht, die von 150 Millionen auf 3,014 Milliarden US-Dollar zugenommen haben. Der ordentliche Haushalt belief sich auf 1,182 Milliarden US-Dollar, und die außerordentlichen Zuwendungen zur Finanzierung der humanitären und operativen Einsätze wurden auf 1,136 Milliarden US-Dollar veranschlagt. Für die friedenssichernden Aktivitäten wurden somit fast 55 Prozent der Gesamtmittel aufgewendet, die der Organisation zur Verfügung gestellt wurden. Die Zahl der Militärpersonen, die für diese Operationen abkommandiert wurden, belief sich auf etwa 115 000, zu denen noch mehrere Tausend zivile Bedienstete kommen. Die gemessen an der Mannschaftsstärke größten Operationen waren Namibia (8000 Personen, davon 6000 Militärpersonen), Jugoslawien (25 500 Militärpersonen), Kambodscha (22 000 Militärpersonen und Zivilisten), Moçambique (8000 Militärpersonen und Zivilisten) und schließlich Somalia (28 000 Soldaten und 2800 Zivilisten). Nach dem Bericht des Generalsekretärs über die Aktivität der Organisation für das Jahr 1993 (Dokument A/48/1 vom 10. September 1993) sollten 1994 etwa 100 000 Personen mobilisiert werden (trotz des Endes des Kambodscha-Einsatzes im November 1993 und der wahrscheinlichen Verkleinerung der Operation in Somalia). Diese Voraussagen haben sich als zutreffend erwiesen. Der Kasten verdeutlicht auch die Vielfalt der Missionen; ihre Größenordnung ist sehr variabel; an einigen sind keine Militärpersonen beteiligt; sie kombinieren manchmal Aufgaben der Friedenssicherung und der Friedensschaffung. Sie können, wie in Kambodscha, regierungsähnliche Funktionen wahrnehmen; oder, wie im ehemaligen Jugoslawien, die Überwachung des Waffenstillstands mit der Verteilung der humanitären Hilfe und der Anbahnung von Verhandlungen über eine politische Lösung verknüpfen; oder sich auf die Überwachung des Waffenstillstands und freier Wahlen beschränken. Auch wenn die UNTAC-Mission in Kambodscha zweifellos ein außergewöhnliches Ausmaß hatte, so verdeutlicht doch die bloße Aufzählung ihrer wesentlichen Elemente, daß sich die Aufgaben der UNO erweitert haben. Das Mandat dieser Mission beinhaltete: Förderung und Schutz der Menschenrechte; Organisation allgemeiner Wahlen; Überwachung des dauerhaften Abzugs ausländischer Truppen; Überwachung des Waffenstillstands; Zusammenführung und Unterbringung der regulären Truppen der vier kambodschanischen Konfliktparteien; Wahrnehmung öffentlicher Verwaltungsaufgaben in fünf Tätigkeitsbereichen: auswärtige Angelegenheiten, nationale Verteidigung, Staatshaushalt, öffentliche Sicherheit und Ordnung; Information; Kontrolle und Überwachung der Polizeikräfte; Repatriierung der Flüchtlinge; Wiederaufbau der Wirtschaft des Landes.

Diese Liste muß man noch um die technische Hilfe zur Durchführung von Wahlen ergänzen, die Albanien, der Kongo, Äthiopien, Guinea, Guyana, Madagaskar, Mali und Togo gewährt wurde. Die Aktivitäten der Sonderkommission der Vereinten Nationen, die gemeinsam mit der Internationalen Atomenergiebehörde (zuständig für Kernwaffen) mit der Erfassung und Vernichtung verschiedener Waffentypen (chemischer und bakteriologischer Waffen sowie Raketen) im Irak beauftragt wurde, hat aufgrund der Behinderungen, die ihre Arbeit erschwerten, vielfach die Aufmerksamkeit der Medien auf sich gezogen. Man darf auch nicht vergessen, daß das UNRWA seine Aufgaben – die Verwaltung der palästinensischen Flüchtlingslager und die Verwaltung (mit Hilfe der 17000 Ortskräfte) des Erziehungs- und Gesundheitswesens für das palästinensische Volk – auch nach dem Osloer Abkommen vom September 1993 weiterhin unter schwierigen Bedingungen erfüllt. Schließlich muß man die vielfältigen Interventionen des Generalsekretärs in Äthiopien, Eritrea, Liberia, Libyen, Moldawien, Berg-Karabach und Südafrika erwähnen.

4.5 Erfolge und Mißerfolge

Es ist nicht leicht, eine objektive Bilanz der Erfolge und Mißerfolge der Organisation zu ziehen. Zunächst einmal sollte man sich daran erinnern, daß die UNO im Gegensatz zu dem Bild, das die Medien von ihr zeichnen, und zu dem, was gewisse Politiker behaupten, um nicht für Entscheidungen einstehen zu müssen, die nur von ihnen abhängen (so begründete Präsident Mitterrand am 20. Juni 1991 die Beteiligung französischer Truppen am Golfkrieg mit den »Entscheidungen des Sicherheitsrats«, und US-Präsident Clinton rief 1993 vor der UN-Generalversammlung die UNO zur Mäßigung bei ihren friedenssichernden Operationen auf, so als seien die USA nicht das einflußreichste Mitglied des Sicherheitsrats), kein unabhängiger Akteur auf der politischen Bühne ist. Tatsächlich sind die wichtigsten Organe der UNO am Ende dieses Jahrhunderts einmal der Sicherheitsrat, in dem die USA und die Großmächte das Sagen haben und in dem keines der ständigen Mitglieder durch einen Beschluß gebunden werden kann, dem es nicht ausdrücklich zugestimmt hat, und zum anderen der Generalsekretär, der ohne Zustimmung des Sicherheitsrats keine politische Entscheidung treffen kann und der nur in Verwaltungsangelegenheiten (begrenzte) originäre Befugnisse hat.

Noch schwieriger ist es, in dieser neuen Phase der Friedensbemühungen der UNO zwischen Friedenssicherung, Friedensschaffung oder gar Konfliktverhütung zu unterscheiden. Die Tendenz der Großmächte, sich friedensschaffende Maßnahmen selbst vorzubehalten, wenn sie sich davon eine Mehrung ihres Ruhmes versprechen, hat weiterhin dominiert. Doch die Zahl der Fälle hat zugenommen, in denen sie schwierige Konflikte, für die sie keine Lösung fanden oder bei denen sie etwas leichtfertig annahmen, daß es eine Lösung gebe und daß sie die Organisation zu einer rein friedensstabilisierenden Intervention bewegen könnten, auf die UNO abschoben. Daher müssen wir zunächst genau angeben, welche Aufgabe der UNO bei der Friedensschaffung zugedacht wurde, bevor wir ihre Mißerfolge bzw. Erfolge beurteilen. Diese Aufgabe umfaßte in erster Linie das, was man Vorarbeiten nennen könnte. So sollte man sich hier etwa daran erinnern, daß die Gute-Dienste-Mission des Generalsekretärs und Olof Palmes im Krieg zwischen Iran und Irak bereits 1980 begann und daß sich der Iran nach seiner Entscheidung zum Friedensschluß auf die Resolution 548 vom 20. Juli 1987 berief, die der Irak unverzüglich angenommen hatte. Ebenso haben die

Genfer Verhandlungen über das Afghanistan-Abkommen acht Jahre gedauert. Doch Michail Gorbatschow wußte dieses Abkommen zu schätzen, als es darum ging, einen von der internationalen Staatengemeinschaft begrüßten Zeitplan für den Abzug der sowjetischen Truppen vorzulegen. Schließlich wurde im Fall des Namibia-Konfliktes der seit mehreren Jahren fertig ausgearbeitete Plan des Generalsekretärs zur Erleichterung des Übergangs in die staatliche Unabhängigkeit in die Tat umgesetzt, als die von den USA organisierten Verhandlungen zu einer Lösung führten. Allerdings waren die Vereinten Nationen in keinem der vorgenannten Fälle mit der Aushandlung eines Friedensabkommens beauftragt. Der Friede war vielmehr das Ergebnis der Kriegsmüdigkeit (im Fall der Auseinandersetzung zwischen Iran und Irak), der einseitigen Entscheidung Michail Gorbatschows, die bisherige Politik zu ändern (im Fall Afghanistans) und der unter amerikanischer Schirmherrschaft geführten Verhandlungen (im Fall Namibias). Die Vorarbeiten der UNO dienten lediglich als Vorwand. Ihr Beitrag war zwar nicht nutzlos, aber sie spielte doch keine entscheidende Rolle.

Der Fall Kambodscha gleicht den vorangehenden Fällen, denn obschon ein Sonderbeauftragter des Generalsekretärs an den Verhandlungen teilgenommen hat, wurde das Rahmenabkommen vom 28. August 1990 und später das Pariser Friedensabkommen vom 23. Oktober 1991 von Vertretern der fünf Großmächte (den ständigen Mitgliedern des Sicherheitsrats) vermittelt. Allerdings erfolgte die in dem Abkommen vereinbarte Intervention der Vereinten Nationen, obwohl eine echte Aussöhnung zwischen den vier kambodschanischen Konfliktparteien noch weit entfernt war und regelrechte Kriegshandlungen fortdauerten, so daß der Auftrag an die UNO, den Frieden zu sichern und Wahlen vorzubereiten, den Sonderbeauftragten des Generalsekretärs und die gesamte UNTAC vor eine vielschichtige Aufgabe stellte, die unbestreitbar auch eine beachtliche Komponente friedensschaffender Maßnahmen umfaßte. Die Ergebnisse der Friedensbemühungen sind in der nachfolgenden Übersicht zusammengefaßt, die sich auf die Interventionen beschränkt, deren Erfolg man Anfang 1994 beurteilen kann:

1. *Friedenssicherung unter den Bedingungen eines vorausgehenden Friedensabkommens, das als tragfähig angesehen werden konnte*

Namibia. Ziel: Friedenssicherung, freie Wahlen, Einsetzung einer demokratischen Regierung. **Erfolg**

2. *Friedenssicherung und -schaffung unter vermeintlich stabilen Bedingungen, die sich jedoch als labil erwiesen*
El Salvador: Erfolg
Kambodscha: Erfolg
Angola: Mißerfolg

3. *Fälle, in denen die Großmächte davon ausgingen, daß die Aussichten einer erfolgreichen Friedensschaffung gleich Null sind und in dem auch die Sicherung des Friedens labil war*
Zypern: begrenzter **Erfolg** der Friedenssicherung, aber hinsichtlich Friedensschaffung: **Mißerfolg**.
West-Sahara: Erfolg der Friedenssicherung, aber hinsichtlich Friedensschaffung: **Mißerfolg**.
Afghanistan (1988–1990, UNGOMAP): Friedenssicherung und Gute Dienste. Die Mission der Friedenstruppen beschränkte sich auf die Überwachung des Abzugs sowjetischer Truppen. Der Bürgerkrieg geht weiter. **Mißerfolg**.

4. *Friedenssicherung im Rahmen komplexer Interventionen, die bei schwieriger Sicherheitslage und Fortdauer der Konflikte auch humanitäre Hilfe, die Errichtung demokratischer Verhältnisse und die Wahrung der Menschenrechte umfassen*
Ex-Jugoslawien: begrenzter **Erfolg** der humanitären Aktivitäten, aber hinsichtlich Friedensschaffung und Einhaltung der Menschenrechte (in Zusammenarbeit mit der Europäischen Gemeinschaft): **Mißerfolg**
Somalia: begrenzter **Erfolg** der humanitären Aktivitäten, aber hinsichtlich Friedensschaffung: **Mißerfolg**
Haiti: Friedensschaffung, Einhaltung der Menschenrechte, Errichtung einer Demokratie: **Mißerfolg**
Ruanda: Der Bürgerkrieg hat einen regelrechten Völkermord ausgelöst, der vermutlich eine Million Opfer gefordert hat. Ruhmloser Abzug der Blauhelme. Von der UNO genehmigte Intervention Frankreichs: **Mißerfolg**
(Über die übrigen Operationen, die Anfang 1995 im Gange sind, läßt sich noch kein Urteil fällen.)

Man ersieht aus dieser Bilanz, daß drei der elf aufgeführten Operationen der Friedenssicherung und -schaffung erfolgreich verlaufen sind, während acht fehlschlugen. Dies ist das Ergebnis der von den Großmächten definierten und angewandten Strategie zur Lösung innerstaatlicher Konflikte, bei der sie auf die Dienste der UNO zurückgegriffen haben. Die Großmächte verfügen also trotz der theoretischen Erörterungen eines »Rechts auf Einmischung«, um das so viel Aufhebens gemacht wird, weder über ein analytisches Instrumentarium zur Erforschung der Ursachen dieser Konflikte noch über Mittel, ihnen Einhalt zu gebieten oder ihnen gar vorzubeugen. Und man muß gerechterweise hinzufügen, daß das UN-Sekretariat sie bei dieser Analyse und dieser Suche nicht unterstützt hat.

Im übrigen läßt sich bei den Großmächten und der internationalen Staatengemeinschaft im allgemeinen eine klare Entwicklung hin zum Isolationismus und zur Nichteinmischung feststellen. So kann man seit 1988 drei Perioden unterscheiden:

– eine Periode begrenzter Erfolge bei der Beilegung innerstaatlicher Konflikte (Beendigung von Konflikten, die im wesentlichen auf die Intervention der beiden »Supermächte« zurückzuführen war; Namibia, El Salvador, Nicaragua; 1988–1991)
– eine Periode der Mißerfolge (vgl. die Fehlschläge, die in der voranstehenden Übersicht aufgeführt sind; 1991–1994)
– eine Periode eines neuen Isolationismus (seit 1994), die insbesondere durch die außenpolitische Richtlinie Nr. 25 von US-Präsident Clinton eingeleitet wurde. Diese besagt, daß sich die USA nur noch dann an friedenssichernden Operationen beteiligen, wenn ihre nationalen Interessen unmittelbar berührt sind. Es besteht die Gefahr, daß zahlreiche Länder diesem Beispiel folgen werden, während weiterhin neue innerstaatliche Konflikte ausbrechen (Jemen, Algerien) und sich ausweiten.

Die beeindruckende Liste der vorgenannten Mißerfolge muß man noch um zwei zusätzliche Überlegungen ergänzen:

❑ Obgleich sich der Generalsekretär um eine Ausweitung der diplomatischen Interventionen in zahlreichen Ländern bemüht hat, ist die Anzahl der Interventionen der UNO, gemessen an der Gesamtzahl der bewaffneten Auseinandersetzungen auf der Erde, nach wie vor gering. Seit 1980 schwankte die Zahl der Konflikte zwischen 30 und 40 pro Jahr. So gab es Ende 1986 weltweit 36 Konflikte (gemäß der Definition, die das schwedische Institut SIPRI in seinem *Jahrbuch* aufstellt: Auseinandersetzungen, die mehr als 1000 Menschenleben gefordert haben), während sich die friedenssichernden Missionen der UNO zur gleichen Zeit auf die ersten fünf in der Übersicht aufgeführten Operationen beschränkten. 1993 gab es nach derselben Definition weltweit 34 Konflikte. 16 dieser Konflikte versucht die UNO durch Friedensmissionen – darunter einige sehr umfangreiche – einzudämmen. Sie hat (oder hatte) sich in all jene Konflikte eingeschaltet, die die stärkste Beachtung in den Medien finden. Herausgehalten hat sie sich dagegen aus den Konflikten in Afghanistan, Moldawien, Armenien, Kirgisien, Bangladesch, Myanmar, Sri Lanka, Sudan, Kolumbien, Peru, Jemen, Tschetschenien und – natürlich – Nordirland.

❑ Weder innerhalb noch außerhalb der UNO wurde eine Strategie zur Prävention sich anbahnender Konflikte ausgearbeitet. Zweifellos wurden einige UNPROFOR-Verbände in Makedonien zu präventiven Zwecken stationiert. Doch ist dies das einzige Beispiel für UN-Bemühungen, die auf Konfliktvorbeugung abzielen. Der Fall Algerien ist in dieser Hinsicht beispielhaft. Man brauchte kein Frühwarnsystem, um zu erkennen, daß schon 1992 die Voraussetzungen für den Ausbruch eines Bürgerkriegs erfüllt waren. Doch weder die UNO noch die Großmächte unternahmen den geringsten Versuch, die Entstehung einer extrem zugespitzten Krisensituation zu verhindern, an der wirtschaftliche Faktoren einen entscheidenden Anteil haben. In vielen anderen Ländern, in denen die Verschlechterung der Wirtschaftslage zusammen mit der Beeinflussung durch politische Propaganda und Werbung, die ein für die mittellosen Bevölkerungsschichten unerreichbares westliches Wohlstandsmodell beschwören, Frustrationen und Identitätskrisen erzeugen, die in religiösem Fundamentalismus, Nationalismus und der Rückbesinnung auf ethnische Solidaritäten ein Ventil suchen, unternimmt die »internationale Staatengemeinschaft« nichts, um die Entstehung innerstaatlicher Konflikte zu verhindern. Und gewiß werden die vom Internationalen Währungsfonds geforderten Strukturanpassungsmaßnahmen eine Lösung dieser Probleme nicht erleichtern.

Das bedeutet, daß weder die Großmächte noch die Weltorganisationen, die gegensätzliche Lösungen vorschlagen, um die Wirtschaftsprobleme und die Sicherheitsprobleme getrennt und *nacheinander* zu bewältigen, über eine kohärente Strategie verfügen, um derartigen Konflikten und ihren Folgeerscheinungen – Zunahme der Flüchtlingszahlen, humanitäre Notlagen, massive Migrationsbewegungen usw. – vorzubeugen. Weder ein völlig illusorisches System der »kollektiven Sicherheit« noch friedenssichernde Operationen sind eine angemessene Antwort auf die hierdurch aufgeworfenen neuen Sicherheitsprobleme. Das mindeste, was erforderlich wäre, ist eine Analyse der Ursachen dieser Situationen, ein Nachdenken über den Typ eines Sicherheitssystems, das die damit verbundenen Gefahren verhindern oder zumindest verringern kann, und über die Form einer Weltorganisation, die ein derartiges System unterstützen könnte.

5. Reform oder völlige Neugestaltung der UNO?

Da die UNO ihre Aufgabe niemals auf befriedigende Weise erfüllen konnte, hat man immer wieder versucht, ihre Mängel zu beheben und sie insgesamt zu reformieren. Kasten XXI gibt einen Überblick über die lange Liste der Initiativen zur Reform der Weltorganisation und beginnt dabei mit dem Völkerbund. Es stellt sich allerdings die Frage, ob es genügt, einige kleinere Veränderungen an der bestehenden Struktur der UNO vorzunehmen, um eine schlagkräftige Institution der weltweiten Friedenswahrung zu erhalten, oder ob man, im Gegenteil, eine ganz neue Organisation aufbauen sollte. Seit der Gründung der UNO und der übrigen Weltorganisationen fand die erste Lösung die meisten Fürsprecher. Seit 1985 wurden jedoch mehrere Konzepte einer weitergehenden Umgestaltung vorgelegt, die den Aufbau einer Weltorganisation »der dritten Generation« zum Gegenstand haben. Am Ende des 20. Jahrhunderts gibt es somit zwei gegenläufige Reformansätze:

– einen gemäßigten Reformansatz, der gewissermaßen auf der »Ideologie der UN-Charta« beruht;
– einen radikalen bzw. »konstitutionalistischen« Ansatz, der die Schaffung einer Weltorganisation »der dritten Generation« vorsieht und der auch vom Autor dieses Buches vertreten wird; hiernach ist eine andere Weltordnung möglich und wünschenswert.

5.1 Die Auffassung der Mehrheit

Der gemäßigte Reformansatz, dessen Vertreter sich keinen großen Illusionen über die Ergebnisse der denkbaren Reformen hingeben, basiert auf einigen einfachen Annahmen, die zu Gemeinplätzen des Diskurses über die Vereinten Nationen geworden sind. Die erste Annahme lautet, daß die Gründung einer Weltorganisation von universellem Charakter in einer Welt, die bis dahin von Nationalismen und Kriegen beherrscht war, bereits ein so gewaltiger Fortschritt ist, daß es unvernünftig er-

Kasten XXI. Geschichte der kleinen Reformen des Sekretariats

Zur Erinnerung: Völkerbund

– 1920: Konferenz von Brüssel
– 1922: Vorarbeiten zur Gründung des Wirtschafts- und Finanzkomitees (Stellvertretender Generalsekretär: Jean Monnet).
– 1927: Genfer Konferenz über wirtschaftliche und soziale Fragen.
– 1936: Komitee der 28.
– 1939: Bericht des von dem Australier Stanley Bruce geleiteten Sachverständigengremiums, das die Einsetzung eines »Zentralausschusses über wirtschaftliche und soziale Fragen« zur Leitung der »technischen Aktivitäten« empfiehlt. Dieser Ausschuß diente den Vätern der UN-Charta als Vorbild für den Wirtschafts- und Sozialrat.

UNO

❑ *Von 1946 bis Mitte der sechziger Jahre (Initiativen des Generalsekretärs)*
– 1954: Von Trygve Lie eingesetzte dreiköpfige Expertengruppe (Umgestaltung des Sekretariats)
– 1960: Von Dag Hammarskjöld eingesetzte achtköpfige Expertengruppe unter Leitung von Georges Picot, der dazu beiträgt, daß Chruschtschows Vorschlag einer »Troika« abgelehnt wird (Umgestaltung des Sekretariats).
❑ *Seit Mitte der sechziger Jahre (Initiativen der Generalversammlung)*
– 1966: »Ausschuß der 14«: 100 Empfehlungen zur Planung, Programmierung, Evaluierung, zu Personalfragen, Kontrolle und Überwachung.
– 1968: Gründung der Gemeinsamen Inspektionsgruppe (Joint Inspection Unit), die zunächst aus 8, später aus 11 unabhängigen Inspektoren besteht und regelmäßig Berichte über die UNO und die Sonderorganisationen veröffentlicht, die insbesondere die Einführung von Programmhaushalten, mittelfristigen Plänen und einer Personalpolitik, die Verbesserung der Methoden der Entwicklungszusammenarbeit usw. empfehlen (bis 1994 mehr als 250 Berichte).
– 1969: Studie über die Leistungsfähigkeit des Entwicklungsprogramms der Vereinten Nationen (Expertengruppe unter Leitung von Sir Robert Jackson, Reform des UNDP).
– 1975: 25köpfige Expertengruppe, die sich mit der Umgestaltung des wirtschaftlichen und sozialen Sektors befaßt und die insbesondere die Einrichtung der Stelle eines Generaldirektors für Entwicklung anregt und die Empfehlungen der JIU zur Personalpolitik und Planung übernimmt.

– mehrere Ausschüsse über Personal-, Finanz- und Verwaltungsfragen.

❑ *Phase der akuten Krise, seit 1985*

– 1986: »Gruppe der 18« (die zahlreiche altbekannte Empfehlungen über die Verbesserung der Verwaltungsmethoden und den Personalabbau im Sekretariat [ohne Angabe von Prioritäten] aufgreift und mehrere divergierende Empfehlungen zum Haushaltsverfahren gibt) [53].

– 1992–1993: mehrere Reformen des Sekretariats durch den Generalsekretär: Umstrukturierung der politischen und wirtschaftlichen Abteilungen, Verringerung der Stellen der Untergeneralsekretäre und Beigeordneten Generalsekretäre, Abschaffung der Stelle des Generaldirektors für Entwicklung.

scheint, eine andere Lösung ins Auge zu fassen. Die Tatsache, daß diese Institution an den Nationalismen und Kriegen nicht viel geändert hat, überrascht dennoch nicht. Im Gegenteil, der Kalte Krieg lieferte einen zusätzlichen Grund dafür, nicht an andere institutionelle Lösungen zu denken. Die Tatsache, daß die Gründung von Völkerbund und UNO erst nach Weltkriegen möglich war, hat den zweiten Gemeinplatz hervorgebracht, nach dem man eine weitere Erschütterung derselben Größenordnung abwarten müsse, bis man eine neue Organisation gründen könne.

Die Vertreter des Realismus möchten also, daß man sich mit dem Erreichten begnügt, auch wenn sie Mängel beseitigen und das ein oder andere Bauteil erneuern oder verbessern wollen. Abgesehen von jenen hehren Momenten, in denen der kollektive Enthusiasmus und die Stärke eines siegreichen Bündnisses die Errichtung eines auf Konsens basierenden Sicherheitssystems erlaubte, liefe ihres Erachtens jegliche Veränderung am Inhalt der Charta auf das Öffnen der »Büchse der Pandora« (der dritte Gemeinplatz) hinaus, da jeder Staat zwangsläufig andere Vorstellungen über die Art der erforderlichen Umgestaltung hätte. Wenn man zudem berücksichtige, daß die in der Charta niedergelegten erhabenen Grundsätze über die Menschenrechte, die Rechte der Völker, die Würde der menschlichen Person und den sozialen Fortschritt allgemeine Zustimmung fänden, und wenn man allgemein einen hinreichend langen Zeitraum für die Verwirklichung dieser Ziele anerkennen würde, dann verfügte man über ein zufriedenstellendes Instrument, das Idealismus und Realismus sachgerecht miteinander verknüpft.

Unter diesen Umständen ist es nicht weiter erstaunlich, daß die vorgeschlagenen Konzepte zur Reform der Vereinten Nationen nicht sehr weit gingen. So verstand man unter »Reform« lediglich die Verbesserung der Funktionstüchtigkeit des Sekretariats (durch Veränderung der Organisationsstruktur, Entlassung inkompetenter Bediensteter und Stellenabbau), die Erstellung von Prioritäten (durch Abschaffung veralteter Programme und Konzentration der Ressourcen auf wesentliche Aufgaben), ja äußerstenfalls noch die geringfügige Umstrukturierung des zwischenstaatlichen Organisationsgeflechts (etwa durch »Revitalisierung« des ECOSOC oder durch Zusammenlegung einiger Ausschüsse). Die Vorstellung, daß man vielleicht eines Tages die Charta selbst antasten müsse, galt lange Zeit als Tabu. Dies ist auch der Grund dafür, daß die seit 1992 von Deutschland und Japan geforderte Erweiterung des Sicherheitsrats auf schwerwiegende Vorbehalte stößt.

5.2 *Die Positionen der Mitgliedsstaaten*

Diese unterschiedlichen Konzepte zur Reform der UNO basieren auf der Annahme, daß die Regelungen der Charta selbst hervorragend seien, ihre Umsetzung durch die Mitgliedsstaaten und das Sekretariat jedoch mangelhaft. Seitdem nicht mehr die westlichen Staaten, sondern die Länder des Südens die Mehrheit in der Generalversammlung stellen, haben vor allem die USA diesen Standpunkt vertreten, der übrigens von allen »Hauptbeitragszahlern« einschließlich Rußlands geteilt wird. Mit dieser Ideologie reagierte man auf die zahlreichen Resolutionen, die die neue Mehrheit vor allem in den siebziger Jahren verabschiedete und die die arabischen Staaten gegen Israel unterstützten bzw. eine neue Weltwirtschaftsordnung forderten. Die so entstandene Gewohnheit, die politischen Mißerfolge der Organisation auf ihr vermeintliches »Mißmanagement« zu schieben, hat sich so sehr verfestigt, daß sie auch 1994 noch immer die amerikanische Analyse der Problemlage bestimmt. So erklärte die UNO-Botschafterin der USA, Madeleine K. Albright, am 11. Juni 1993 in einem Vortrag vor dem Council of Foreign Relations, daß das Scheitern der friedenssichernden Operationen der UNO, angefangen von Jugoslawien über Angola bis Somalia, auf den »Dilettantismus« der Vereinten Nationen in diesem Bereich zurückzuführen sei, und daß durch eine Reform der Methoden dieser Interventionen ein erfolgreicher Verlauf erreichbar sei. Diese Art, statt einer politischen Analyse eine Kritik der Führungsmethoden vorzunehmen, zeigt, daß die Clinton-Administration in diesem Bereich den von der Reagan- und Bush-Administration eingeschlagenen Weg fortsetzt.

Bis 1985 stimmten die Vorstellungen der Sowjetunion weitgehend mit denen der Amerikaner überein. Die UdSSR hat sich traditionell nie für die wirtschaftlichen und sozialen Aktivitäten der UNO interessiert und sah in einer Beschneidung des Umfangs dieser Aktivitäten nur Vorteile. Auch die UdSSR hat zum Zweck der Effizienzsteigerung Einsparungen, Haushaltskürzungen und einen Stellenabbau gefordert. Die von Michail Gorbatschow 1987 eingeleitete Kehrtwende in der sowjetischen Haltung zur UNO (s. Kap. 4.1, S. 123) hätte zweifellos den Anstoß zu einer Reflexion über eine tiefgreifende Veränderung der Weltorganisation geben können. Auch wenn sich diese Vorschläge scheinbar innerhalb des von der Charta abgesteckten Rahmens bewegten, stellten sie doch ihre geistigen Grundlagen in Frage. Der Westen hat diese Gelegenheit bewußt versäumt, und das Rußland Jelzins hütete sich, diesen Weg weiterzuverfolgen, so daß die traditionellen Standpunkte und die überkommene Ideologie gefestigt wurden.

Schließlich sind die Vertreter der Entwicklungsländer schon seit langem auf die Positionen der reichen Länder eingeschwenkt. Zweifellos hatten sie vor den siebziger Jahren unter einer Reform der UNO die Erhöhung der Zahl der Mitglieder der verschiedenen Räte und Ausschüsse einschließlich des Wirtschafts- und Sozialrats und des Sicherheitsrats verstanden. Es gelang ihnen 1963 und 1971, als die Zahl der Mitgliedsstaaten verdoppelt bzw. verdreifacht wurde, zwei Änderungen der Charta durchzusetzen, durch die die Zahl der Mitglieder des Sicherheitsrats von 11 auf 15 und die der Mitglieder des Wirtschafts- und Sozialrats von 18 auf 27 und später auf 54 erhöht wurde. Doch seither ist die Auffassung, daß die Charta unantastbar sei, zur Regel geworden, und die meist im privaten Kreis geäußerten Proteste gegen das Veto-Recht im Sicherheitsrat wurden nie ernst genommen.

5.3 Die Vorschläge der Theoretiker

Während es normal ist, daß die Regierungen und ihre diplomatischen Vertreter eine Institution erhalten möchten, die die bestehende Ordnung verteidigt, mag es überraschen, daß die Theoretiker und Experten auf dem Gebiet der Weltorganisationen der gleichen Ideologie anhängen. Man kann hier drei Denkschulen unterscheiden:

– die sogenannte »realistische« Schule, für die das Streben nach Macht und die Verteidigung nationaler Interessen durch souveräne Staaten, die keinen Normen und keiner übergeordneten Instanz unterworfen sind, zwangsläufig zu Krieg oder zu einem ständig bedrohten Gleichgewicht der Kräfte (*balance of power*) führen;
– die »idealistische« Schule mit ihrem »Verflechtungsmodell«, nach dem transnationale Beziehungen zwischen Individuen, Gruppen und Unternehmen allmählich zur Herausbildung einer universellen Gemeinschaft führen, die gemeinsame Normen und Institutionen akzeptiert, die Menschen zusammenführt und sie vielleicht auf eine friedliche Gesellschaft hinarbeiten läßt;
– die »marxistische« bzw. neo-marxistische Schule, die die zwischenstaatlichen Beziehungen als Herrschafts- und Ausbeutungsbeziehungen, anders ausgedrückt: als Klassenbeziehungen, deutet.

Keine dieser Denkschulen hat Reformvorschläge gemacht. Die »Realisten« sehen die einzige Möglichkeit, die Zahl der gewalttätigen Auseinandersetzungen zu verringern, darin, das diplomatische Instrumentarium zu verbessern, das das Gleichgewicht der Kräfte zwischen den verschiedenen Nationen erhalten soll. Diesen Standpunkt vertritt beispielsweise Hans Morgenthau, der Wortführer der amerikanischen Realisten, in seinem Buch *Politics among Nations*, und seine Nachfolger haben diese These lediglich variiert. Was die internationale Organisation anlangt, stimmt der Standpunkt der Neomarxisten weitgehend mit dem der Realisten überein. Die Idealisten schließlich glauben, daß der zunehmende Aufbau eines mehr oder minder bindenden Regelwerks eines Tages eine zivilisierte Weltgemeinschaft hervorbringen könnte, in der Konflikte nicht mehr durch Anwendung von Gewalt ausgetragen werden. Der Funktionalismus (vgl. Kapitel 1.7, S. 31) ist eine Abart des Idealismus. Der Neo-Funktionalismus (Ernst B. Haas), dessen Theorie auf den Erfahrungen mit der Europäischen Gemeinschaft aufbaut, hat keine Vorschläge darüber formuliert, wie man diese Erfahrungen auf die Weltebene übertragen kann.

Vor allem hat keine dieser Denkschulen die Rolle thematisiert, die einer Verfassungsordnung im Spiel der politischen Kräfte auf Weltebene zukommen könnte. Gewiß haben einige amerikanische Autoren (Robert Mendlowitz, Richard Falk) von einem *global constitutionalism* [48] gesprochen und die Frage nach der »politischen Rechtsstellung der Menschheit« aufgeworfen. Doch wenngleich sie die Natur und Funktion der einzelstaatlichen Souveränität in Frage stellten, haben sie doch keine detaillierten Vorschläge darüber erarbeitet, wie man diese Souveränität im Weltmaßstab überwinden kann.

Der gemäßigte Reformismus ist Ausdruck einer Philosophie, die auf einer Mischung von konservativem »Realismus« und einer skeptischen Einschätzung der Möglichkeiten einer Organisation beruht, die von der internationalen Staatengemeinschaft getragen wird. Diese »weise Haltung« leugnet jegliche Veränderung, glaubt, »daß es immer Kriege geben wird« und daß die Möglichkeiten der Weiterentwicklung, die die Charta in ihrer gegenwärtigen Fassung eröffnet, die einzigen sind, die man erhoffen darf. Die Vertreter dieses Ansatzes empfehlen die traditionellen Mittel zur Gewährleistung der Sicherheit, also nationale Streitkräfte, Bündnisse und das gemeinsame Vorgehen der reichen und mächtigen Staaten gegen potentielle Unruhestifter. Die UNO spielt nach dieser Anschauung nur eine untergeordnete Rolle, was ein weiterer Grund dafür ist, nichts an ihrer Struktur oder ihren Befugnissen zu ändern.

5.4 Eine Weltorganisation der dritten Generation

Der Ansatz, den man als »konstitutionalistisch« bezeichnen könnte, stammt aus der jüngsten Vergangenheit. Er beruht noch nicht auf einem umfassenden Lehrgebäude und besteht mehr aus konkreten Vorschlägen als aus Theorien. Und er wird nur von einer kleinen Zahl von Experten auf dem Gebiet der Weltorganisationen unterstützt. Es hat den Anschein, als wagten die Verfechter dieser Konzeption noch nicht, an den überkommenen Vorstellungen und Tabus zu rütteln oder als fürchteten sie, verglichen mit denjenigen, die sich auf die »Weisheit der Völker« berufen, als Utopisten zu erscheinen. Dennoch enthält sie Ideen, kritische Anmerkungen und Vorschläge, die man auf kohärente Weise zusammenfassen kann:

1. *Die Ideen, die die Grundlage der gegenwärtigen Weltorganisationen bilden, sind falsch bzw. veraltet:*

– Das realitätsferne Konzept der »kollektiven Sicherheit« verknüpft den Glauben an ein ewiges Bündnis zwischen den Großmächten mit der Gewißheit, sie würden auch wegen Problemen, die nicht ihre vitalen Interessen berühren, Krieg führen;

– der in seiner Schwäche gefährliche »Funktionalismus« hat »gemeinsame Aktionen« zu unverbindlichen Gesprächen über Normen gemacht und zu einer Trennung der wirtschaftlichen von den Sicherheitsfragen

geführt, obwohl die beiden Bereiche eng miteinander zusammenhängen;
– die »Präventivdiplomatie« in Form der »Guten Dienste« ist erfolglos;
– die relativ spät eingeführte Friedenssicherung durch Blauhelme ist zur Bewältigung der innerstaatlichen Konflikte, deren Zunahmen die letzten Jahrzehnte des 20. Jahrhunderts kennzeichnet, ungeeignet;
– eine Organisation, die in einer Zeit des immer rascheren Wandels in allen Bereichen die Umgestaltung der Weltordnung behindert und zudem deren archaischste Aspekte noch verstärkt, wirkt reaktionär.

2. *Die Fortschritte, die man seit 50 Jahren im Bereich Frieden und Sicherheit außerhalb der UNO erzielt hat, auf die Weltebene zu übertragen, ist möglich und wünschenswert.*

Tatsächlich hat die Friedensfrage am Ende des 20. Jahrhunderts in Westeuropa ihre Lösung gefunden. Diese Region der Erde, in der die jahrhundertelangen Rivalitäten der hier existierenden Staaten zwei Weltkriege auslösten, hat ihre inneren Sicherheitsprobleme gelöst. Wenngleich sich die Fortentwicklung der Europäischen Union weiterhin schwierig gestaltet und die wirtschaftlichen Interessengegensätze fortbestehen, ist heute kaum noch vorstellbar, daß es zu einem Krieg zwischen Frankreich, Deutschland, Großbritannien, Spanien oder Italien kommen könnte. Dies wurde möglich, weil die Staatsmänner, die die EG schufen, über die Fehler des Versailler Vertrages, über die dadurch ausgelösten Frustrationen nationaler Selbstwertgefühle, über die Ursachen für den Siegeszug des Faschismus in Italien und des Nationalsozialismus in Deutschland und über gemeinsame Projekte, die die Völker zur Zusammenarbeit und schließlich zur Überwindung des Konzepts der nationalen Souveränität bewegen konnten, nachgedacht hatten.

Die Gesamtheit dieser Analysen basiert auf einer Konzeption von Krieg und Frieden, die sich grundlegend von der der Gründungsväter der UNO unterscheidet. Doch unter dem Vorwand, daß es sich um ein regionales Problem handele, wurde dieses Modell nicht auf die globale Ebene übertragen. Dennoch wurde diese Konzeption etwa 20 Jahre später durch andere Fortschritte bestätigt, die in einem viel umfassenderen internationalen Rahmen erzielt wurden.

So kann man in den Methoden, die die Konferenz für Sicherheit und Zusammenarbeit in Europa (KSZE) eingeführt hat, ein neues Sicherheitssystem erkennen. Die Verhandlungen im Rahmen der KSZE, die 1973 begannen und eine Art »Sicherheitspakt« zwischen Nordamerika,

West- und Osteuropa sowie den Nachfolgestaaten der UdSSR begründeten, haben gezeigt, daß es möglich ist, den Frieden zwischen Staaten und Völkern durch Methoden zu gewährleisten, die wirkungsvoller sind als die »kollektive Sicherheit«. Vertrauensbildende und Sicherheitsmaßnahmen, Transparenz der militärischen Aktivitäten, mit weitreichenden wechselseitigen Kontrollbefugnissen verbundene Abrüstungsmaßnahmen, die durch wirtschaftliche und kulturelle Kooperation sowie durch die Respektierung der Menschenrechte und anderer politischer Ideologien ergänzt werden, haben zu der Erkenntnis geführt, daß die »zivilisierten Völker« nicht mehr das Mittel des Krieges einsetzen müssen, um ihre Interessengegensätze beizulegen.

Auf den Ruinen des Systems festgefügter Bündnisse – NATO und Warschauer Pakt –, das der politischen Ordnung der Staatengemeinschaft während des Kalten Krieges entsprach, wurde so ein neues »Sicherheitssystem« errichtet, zugeschnitten auf eine Staatengemeinschaft, in der sämtliche Länder des Nordens einen gewissen Grundkonsens hinsichtlich ihrer politischen Philosophie teilen. Diese Methoden der Zusammenarbeit und der wechselseitigen Kontrolle stellen ein Instrumentarium bereit, das die allmähliche Errichtung einer »nach-clausewitzschen« Staatengemeinschaft erlauben sollte, in der der Krieg kein Mittel der Politik mehr ist.

Das Gefühl der Entrüstung und des Anachronismus, angesichts der innerstaatlichen Konflikte in den armen Ländern, insbesondere aber innerhalb der KSZE – in Jugoslawien, Georgien, Aserbaidschan und Kirgisien – steht nicht im Widerspruch zur Analyse der Kriegsursachen, die, bewußt oder unbewußt, der Errichtung der EWG und der KSZE zugrunde lagen. Denn es wird immer deutlicher, daß diese Phänomene durch Frustrationen des kollektiven Selbstwertgefühls verursacht werden, Frustrationen, die in den ärmsten Regionen der Erde dadurch entstehen, daß das westliche Wohlstandsmodell, das man den dort lebenden Menschen anpreist, unerreichbar für sie bleibt – was den religiösen Fundamentalismus und den nationalistischen oder ethnischen Isolationismus erklärt –; Frustrationen, die 1993 in Rußland aufgrund der Demütigung durch das gleiche Wohlstandsmodell entstanden, das auf brutale Weise einem System übergestülpt wurde, das überhaupt nicht darauf vorbereitet war – daher der Wahlerfolg nationalistischer und kommunistischer Parteien. Aus diesen vielfältigen Erfahrungen kann man die Lehre ziehen, daß die Kränkung des kollektiven Selbstwertgefühls die tiefere Ursache für die Anwendung von Gewalt und für die Umwandlung von Konflikten in Kriege [47] darstellt; daß umgekehrt die Entstehung von Gefühlen der Zugehörigkeit zu einer Gemeinschaft durch die Anerkennung der Koexistenz unterschiedlicher Kulturen und Ideologien, der Konsens über ein Mindestmaß gemeinsamer Grundsätze, die Definition gemeinsamer Ziele und die Möglichkeit, ein bestimmtes Niveau der wirtschaftlichen und sozialen Entwicklung zu erreichen, die Grundvoraussetzungen für die Existenz einer friedlichen Völkergemeinschaft sind.

3. *Konkrete Vorschläge für die Schaffung einer »Weltorganisation der dritten Generation«*

Reformvorschläge, die weit über die »kleinen Reformen« des Sekretariats hinausgehen, stammen aus Kreisen, die stärker an der Praxis als an der Theorie interessiert sind (aktive und ehemalige Bedienstete des Sekretariats, Politiker, Diplomaten und Geschäftsleute). So wurden zwischen 1985 und 1994 mehrere Berichte und Studien veröffentlicht, die tiefgreifende Veränderungen an der Struktur der UNO und der übrigen Weltorganisationen empfehlen: *Some Reflections on Reform of the United Nations* (Bericht der Gemeinsamen Inspektionsgruppe aus dem Jahr 1985)[54]; *A Successor Vision*, herausgegeben von Peter Fromuth (veröffentlicht von der United Nations Agency – USA)[49]; *Für eine Weltorganisation der dritten Generation* (von Maurice Bertrand, Deutsche Gesellschaft für die Vereinten Nationen-Texte 38, 1988) und *United Nations Development Programme, Human Development Report 1992* [55]. So wurde die Gründung eines aus etwa 22 Mitgliedern bestehenden Rates für wirtschaftliche Sicherheit vorgeschlagen (eine Idee, die 1992 von dem damaligen Präsidenten der EG-Kommission, Jacques Delors, aufgegriffen wurde), die Schaffung einer Kommission nach dem Vorbild der Europäischen Gemeinschaft, um das dezentrale System der Weltorganisationen zu ersetzen, die Gründung regionaler Entwicklungsorganisationen und eines Systems der Regionalvertretung, um die Unzulänglichkeiten der Regelung »ein Staat, eine Stimme« und der Stimmgewichtung zu vermeiden. Für diese Strukturreform wurden trotz der bestehenden Tabus verschiedene Methoden und Verfahren vorgeschlagen. Es wurde auch angeregt, die strikte Anwendung des Universalitätsgrundsatzes aufzugeben, kraft dessen die Regierungen sämtlicher Staaten unabhängig von ihrem politischen System als Mitglieder der UNO aufgenommen werden, und die Mitgliedschaft in der neuen Organisation dem Bekenntnis zu klaren Grundsätzen und dem Einverständnis, deren Umsetzung durch Kontroll- und Verifikationsverfahren nachprüfen zu lassen, zu unterwerfen [47].

Erstmals wird sogar ernsthaft die Möglichkeit erwogen, die gegenwärtige UN-Charta durch einen gänzlich neuen Text zu ersetzen, der das gesamte System der Vereinten Nationen einschließlich der Bretton-Woods-Institutionen einbeziehen würde. Die Erarbeitung eines solchen Textes erscheint heute nicht mehr völlig utopisch, und seine Grundzüge wurden bereits skizziert: das Bekenntnis zu bestimmten Prinzipien und das Einverständnis mit internationalen Verifikationsmaßnahmen, ein Welt-Lenkungsausschuß aus Vertretern der Großmächte und der regionalen Zusammenschlüsse aller übrigen Staaten (Rat für globale Sicherheit, der sowohl mit Sicherheits- wie mit Wirtschaftsproblemen befaßt wäre), Mechanismen zur Gewährleistung einer demokratischen Vertretung der Völker, eigene Finanzmittel der Weltorganisation, die kraft internationaler steuerrechtlicher Kompetenz aufgebracht werden, schließlich ein neues Sekretariat, das von einer Kommission nach dem Vorbild der Europäischen Union geleitet wird.

5.5 *Der fünfzigste Geburtstag und die Zukunft der UNO**

Möglicherweise tritt 1995, wenn die UNO ihr fünfzigjähriges Bestehen feiert, ein grundlegender Wandel in der Einstellung der Großmächte gegenüber den Weltorganisationen ein. Auf jeden Fall wird man verfolgen können, wie die Ideen der Theoretiker in tatsächliches politisches Handeln umgesetzt werden.

Auf den ersten Blick besteht heute überhaupt keine Chance für eine ernsthafte Veränderung der UNO-Charta oder gar für die Verabschiedung eines neuen Textes. Das politische Klima in den USA, in Europa, in Japan, in Rußland oder in China erlaubt es nicht, eine Reform von Bedeutung auch nur ins Auge zu fassen. Nach Artikel 108 und 109 der UNO-Charta, die die Reformierungsverfahren festlegen, muß ein Änderungsantrag zwei Drittel der Mitgliedsstaaten und die ständigen Mitglieder des Sicherheitsrates hinter sich haben, und es besteht nicht die geringste Hoffnung, daß eine Zustimmung in derartigem Umfang, für welche Reform auch immer, zu erreichen wäre. Die langsame Bearbeitung der Vorschläge über die Erweiterung des Sicherheitsrates bieten ein anschauliches Beispiel für die Schwierigkeiten. Sogar für eine so geringfügige Änderung, die zudem die Leistungsfähigkeit des Rates keineswegs steigert, reicht die Unterstützung der mächtigsten Staaten nicht aus. Das gilt erst recht für eine durchgreifende Reform.

So mag es den Anschein haben, als hätten die zahlreichen Reformvorschläge zum 50. UNO-Geburtstag keinen Bezug zur Wirklichkeit. Dutzende von Seminaren, Ausschüssen und Kolloquien treten zusammen und veröffentlichen Berichte, Sondernummern von Zeitschriften, Sammelbände voller Gedanken über die Zukunft der UNO und der Weltorganisationen. Beim Durchlesen stellt man fest, daß die Reformphilosophie in den Köpfen der Akademiker und der Sachverständigen Raum gewinnt. Zu nennen wäre: der Bericht der *»Global Governance Commission«* (Genf), der sich insbesondere für eine durchgreifende Reform der Charta einsetzt, damit der Wirtschafts- und Sozialrat und die UNCTAD durch einen Wirtschafts-Sicherheitsrat nach dem Vorbild des Sicherheitsrates ersetzt würden, ferner für eine Reform des Sicherheitsrates unter Abschaffung des Veto-Rechtes; der Bericht der in der Yale University unter dem Vorsitz von Richard von Weizsäcker zusammengetretenen Kommission, der die Einsetzung eines Wirtschaftsrates und eines Sozialrates mit jeweils 23 Mitgliedern, die Erhöhung der Mitgliederzahl im Sicherheitsrat von 15 auf 23 sowie die Schaffung einer stehenden UNO-Truppe von 10000 Mann empfiehlt; die Studie der Ford Foundation von Brian Urquhart und Erskine Childers, ein Katalog von kühnen, ganz unterschiedlichen Reformen; ferner die Arbeiten des Bretton-Woods-Ausschusses unter dem Vorsitz von Paul Volker, dem früheren Chef der amerikanischen Notenbank, über eine Reform des IWF; schließlich schlägt eine im Rahmen des Genfer Institut Universitaire des Hautes Etudes Internationales durchgeführte Studie eine Neufassung der Charta vor, wonach ein neues Institutionengefüge den gesamten Komplex UNO-IWF-G7-Sonderorganisationen ersetzen würde.

Die verschiedenen Studien ergeben Meinungsverschiedenheiten in mehreren Fragen: über den Umfang der wünschenswerten Reform (die Charta nur ändern oder sie durch einen neuen Text ersetzen), über die Möglichkeit, das System der kollektiven Sicherheit zu verstärken (indem man der UNO eine stehende Truppe zuordnet) oder statt dessen ein völlig neues Sicherheitsystem zu schaffen, das Strategien zur Konfliktvermeidung entwickeln kann, und schließlich über denkbare Verfahrensweisen. Andererseits gibt es auch Übereinstimmungen: über die Notwendigkeit von Organen überschaubarer Größe (etwa zwanzig Mitglieder) mit direkter Vertretung der wirtschaftlichen oder demographischen Großmächte sowie einer regionalen Vertretung der übrigen Länder, über die Notwendigkeit einer demokratischen Vertretung der

Völker, über die Möglichkeit und Wünschbarkeit einer weltweiten Steuererhebung, über die Notwendigkeit, Vorbeugung ernstzunehmen und über die Mittel zu ihrer Verwirklichung zu verfügen.

Bislang herrscht allerdings bei den Regierungen Skepsis vor, denn ihre kurzfristigen Sorgen haben stets Vorrang vor langfristigen Überlegungen.

Eine einzige Idee scheint allmählich die Aufmerksamkeit jener zu gewinnen, die der Macht nahestehen: die Einsetzung eines »Wirtschafts-Sicherheitsrates« ist ein Gedanke, der in vielen Berichten vorkommt und der heute von mehreren bekannten Persönlichkeiten befürwortet wird, so daß der Vorschlag jetzt als verhandlungswürdig betrachtet wird.

Dazu ist Folgendes zu sagen:

– Diese Idee brauchte zehn Jahre, um durchzudringen. Als sie zum erstenmal in dem oben genannten Bericht des Corps Commun d'Inspection [54] auftauchte, wurde sie mit Skepsis aufgenommen; sie tauchte dann wieder im Bericht »A successor vision« [49] und anderen Studien auf, ehe sie ihr heutiges Maß an Aufmerksamkeit erreichte;

– sie läuft darauf hinaus, die G7 zu erweitern (faktisch G8) und Beziehungen zwischen einem G20 oder 23 und den vorhandenen Organisationen – IWF, WHO, Weltbank, UNO – zu knüpfen;

– sie tritt zu einem Zeitpunkt auf, da sich die Verhandlungen über eine Erweiterung des Sicherheitsrates festgelaufen haben. Selbstverständlich kommt einem der Gedanke, daß beide Erweiterungen, die des G7 und die des Sicherheitsrates, gleichzeitig verhandelt werden könnten.

Falls die Regierungen anfingen, diese Idee ernst zu nehmen, würde dadurch die Gesamtproblematik deutlicher zutage treten, die mit einer durchgreifenden Umwandlung sämtlicher Weltorganisationen verbunden ist. Sie würde dazu führen, daß nach und nach das gesamte vorhandene Institutionengefüge in Frage gestellt würde, und zwar aus folgenden Gründen:

– ihrer Verwirklichung stünden erhebliche Verfahrensschwierigkeiten entgegen: wie soll man ein außerhalb des UNO-Systems geschaffenes Gremium mit der UNO verknüpfen, und vor allem, wie soll man Organisationen mit wirtschaftlicher Zuständigkeit wie IWF, Weltbank, Welthandelsorganisation und sogar die OECD diesem Gremium unterordnen?

– bisher ist nicht ernsthaft erkundet worden, welche Aufgaben einem Wirtschafts-Sicherheitsrat (WSR) übertragen werden sollten. Dabei könnte es sich erweisen, daß die eigentliche Idee, neben dem vorhandenen (militärischen) Sicherheitsrat einen WSR einzurichten, nicht wirklich den gegenwärtigen Bedürfnissen entspricht. Die Idee eines unabhängigen WSR bot sich vor zehn Jahren an, als der Kalte Krieg noch nicht zu Ende war. Heutzutage ist es nicht nur möglich, sondern notwendig, die Fragen der Sicherheit und der Wirtschaft zusammen zu behandeln. Es läßt sich kein Vorbeugungssystem ohne den Einsatz von wirtschaftlichen Waffen mehr vorstellen. Heute braucht die internationale Gemeinschaft vielmehr einen Globalen Sicherheitsrat, der für beide Bereiche zuständig ist.

Stellt man das Problem in dieser Form dar, müßte man alsbald auch andere Fragen prüfen wie die nach der Gestaltung des Sekretariats, das ein solches Organ brauchte, nach den Mitteln, mit denen es ausgestattet werden müßte (was die Frage nach einer Weltsteuer aufwirft), und schließlich nach dem Umfang einer demokratischen Vertretung der Völker, die parallel dazu eingerichtet werden müßte.

Es ist wahrscheinlich, daß die politische Diskussion über diese Probleme weitergehen wird, gerade wegen der paradoxen Situation, in der sich Politiker in bezug auf weltumspannende Ansätze befinden. Während nämlich Menschen in fast allen Bereichen – Handel, Wirtschaft, Kommunikation, Technik, Wissenschaft und Kunst – Möglichkeiten finden, auf Weltebene eine Rolle zu spielen und Einfluß zu nehmen, handeln Politiker in nationalem Rahmen, machen ihre Karriere im wesentlichen dort. In dem Moment, in dem alle Probleme zu Weltproblemen werden, kann die Umwandlung dieser paradoxen Situation selbst zu einem politischen Ansatz werden. Einflußnahme auf die Reform der Weltinstitutionen, deren Wirkungslosigkeit der öffentlichen Meinung ja in die Augen springt, kann dazu führen, daß jemand eine Rolle auf Weltebene spielt.

Eine derartige Diskussion, die die Interessen aller Regierungen und vor allem die der Großmächte antastet, die ihre Vorstellungen von der eigenen Unabhängigkeit, dem eigenen Einfluß oder ihrem Ansehen in Frage stellt, wird lang und schwierig werden und unausweichlich auf ideologische Pfade führen. Deshalb kommt der theoretischen Forschung dabei eine beträchtliche Rolle zu, wenn sie imstande ist, klar und deutlich die Beziehungen zwischen den zu lösenden Problemen und der institutionellen Architektur aufzuzeigen, die zu ihrer Lösung beitragen könnte.

5.6 *Schluß*

Endlich setzt sich die Vorstellung immer mehr durch, daß heute eine andere Weltordnung möglich und wünschenswert ist. Und dies ungeachtet der Hindernisse, die ihr von einem »Realismus« entgegengesetzt werden, der nicht an Veränderungen glaubt, den ewigen und absoluten Charakter der »nationalen Souveränität« betont und die UNO für das Höchstmaß an Ordnung hält, das man der zwangsläufig anarchischen internationalen Staatengemeinschaft auferlegen kann.

So stehen sich in bezug auf die UNO zwei unterschiedliche Auffassungen von der internationalen Staatengemeinschaft und den Chancen eines Weltfriedens gegenüber. Die Diskussion über die Voraussetzungen der Entwicklung zu einer »nach-clausewitzschen« Staatengemeinschaft wird zweifellos noch lange anhalten. Der Autor hofft, daß dieses kleine Buch ein paar Hintergrundinformationen für diese bedeutsame Diskussion geliefert hat.

* Das Kapitel 5.5 wurde von Barbara Höhfeld übersetzt.

Bibliographische Hinweise

Allgemeine Literatur

Veröffentlichungen der Vereinten Nationen

[1] *Everyone's United Nations* (E 79. 1. 5).

[2] *Basic Facts about the United Nations* (E 93. 1. 2).

Vor 1985 erschienene Werke, die jedoch interessante Analysen enthalten

[3] ABI-SAAB, George, *Le Concept d'organisation internationale*, Unesco, Paris 1980.

[4] CLAUDE, Inis, *Swords into Plowshares*, New York [4]1971.

[5] LUARD, Evan, *The UN, How it Works and What it Does*, New York 1979.

[6] TAYLOR, J. P./GROMM, A. J. R., *International Organization. A Conceptual Approach*, London 1978.

[7] VIRALLY, Michel, *L'Organisation mondiale*, Paris 1972.

Nach 1985 erschienen

[8] *International Institutions at Work*, London 1987.

[9] *La Charte des Nation unies.* Commentaire article par article, éd. par COT, Jean-Pierre et PELLET, Alain, Paris 1991.

[10] LÉONARD, Yves, *L'ONU à l'épreuve*, Paris 1993.

[11] RENNINGER, J. P. (éd.), *The Future Role of the UN in an Interdependant World*, Dordrecht 1989.

[12] ROBERTS, Adam/KINGSBURY, Benedict (éd.), *United Nations, Divided World*, Oxford 1993.

Die Vorläufer: Haager Friedenskonferenzen und Völkerbund

Veröffentlichungen des Völkerbunds

[13] *Petit Manuel de la SDN* (Jahrbücher 1933–1939).

[14] *Dix Ans de coopération internationale* (Vorwort von Sir Eric Drummond) Secrétariat de la SDN, Genf 1930.

[15] BOURGEOIS, Léon, *Pour la Société des Nations*, Paris 1910.

[16] GERBET, P./GHEBALI, V. Y./MOUTON, M. R., *Société des Nations/Organisation des Nations unies*, Paris 1973.

[17] GHEBALI, V. Y., *L'Organisation internationale du travail*, IUHEI, Genf 1987.

[18] GHEBALI, V.Y. und C., *Répertoire des documents de la SDN – 1919–1941*, Dobbs Ferry Oceana 1973.
[19] WALTERS, Francis Paul, *A History of the League of Nations*, Oxford 1952.
[20] WEHBERG, Hans, *La Contribution des conférences de la paix de La Haye au progrès du droit international*, Den Haag 1931.
[21] WOOLF, Leonard, *Gouvernement international*, Paris 1916.

Die UNO und Sicherheitsfragen

[22] ACHESON, Dean, *Present at the Creation*, New York 1969.
[23] FRANK, Thomas A., *Nation against Nation*, Oxford 1985.
[24] LUARD, Evan, *A History of the UN* (2 Bde.), London 1993 (Neudruck).
[25] RUSSEL, Ruth B., *A History of the UN Charter*, Washington 1958.
[26] SIILASVUO, Ensio, *In the Service of Peace in the Middle East – 1967–1979*, London 1992.
[27] SMOUTS, C., *Le Secrétaire général des Nations unies*, Paris 1971.
[28] LIE, Trygve, *In the Cause of Peace*, New York 1954.
[29] URQUHART, Bryan, *Hammarskjöld*, New York 1972.
[30] Ders., *A Life in Peace and War*, New York 1987.
[31] Ders., *Ralph Bunche*, New York 1993.
[32] WALDHEIM, Kurt, *In the Eye of the Storm*, London 1985.

Veröffentlichungen der Vereinten Nationen

[33] *The Blue Helmets* (E 90.1.18).
[34] *L'ONU et le maintien de la paix* (DPI: 1399.93653).

Die wirtschaftlichen und sozialen Aktivitäten der UNO

[35] Ministère des Affaires étrangères néo-zélandais, *UN Handbook* (Jahrbücher).
[36] BEDJAOUI, Mohammed, *Pour un nouvel ordre économique mondial* (Unesco), Paris 1978.
[37] DAMSGARD, Anders Carsten, *Staffing an International Civil Service. The UN Secretariat*, University of Aarhus 1981.
[38] GHEBALI, V.Y., *La Crise des Nations unies*, La Documentation française, »Notes et études documentaires«, Paris 1988.
[39] SENARCLENS, Pierre DE, *La Crise des Nations unies*, Paris 1988.
[40] WILLIAMS, Douglas, *The Specialized Agencies and the United Nations*, London 1987.

Veröffentlichungen der Vereinten Nationen

[41] *The UN and Human Rights* (E 84.1.6).

[42] *Journal of Development Planning. Multilateralism and the UN*, n° 17, 1987.

[43] *The UN and the Disarmament. 1945–1985* (E 85.IX.6).

[44] *Les Rapports au Conseil économique et social, rapport du CCI (JIU/REP/84/7), 1984.*

Die Reform der UNO

[45] BERTRAND, Maurice, *Refaire l'ONU, un programme pour la paix*, Genf 1986.

[46] Ders., *Für eine Weltorganisation der dritten Generation*, Bonn 1988.

[47] Ders., *La Stratégie suicidaire de l'Occident*, Brüssel 1993.

[48] FALK, Richard/JOHANSEN, R./KIM, Samuel, *The Constitutional Foundation of World Peace*, New York 1993.

[49] FROMUTH, Peter (éd.), *A Successor Vision. The UN of Tomorrow*, New York 1988.

[50] *The Nordic UN Project. Final Report 1991*, The Nordic Countries.

[51] GORBATSCHOW, Michail, *Realities and Guarantees for a Secure World*, Moskau 1987.

[52] NERFIN, Marc, *The Future of the UN System. Some Questions on the Occasion of an Anniversary*, Development Dialogue, 1985.

Dokumente der Vereinten Nationen

[53] *Rapport du groupe d'experts intergouvernementaux chargés d'examiner l'efficacité du fonctionnement administratif et financier des Nations unies* (A/41/49).

[54] *Quelques réflexions sur la réforme des Nations unies*, rapport du Corps commun d'inspection (A/40/988), 6 décembre 1985.

[55] *Human Development Report 1992*, Publication du PNUD, New York 1992.

Die Theorie der internationalen Beziehungen und die UNO

[56] BRAILLARD, Philippe/DJALILLI, M. R., *Les Relations internationales*, Paris 1992.

[57] GROOM, A. J. R./TAYLOR, Paul, *Functionalism*, New York 1975.

[58] HOFFMANN, Stanley, *Contemporary Theory in International Relations*, Englewood Cliffs (NJ) 1960.

[59] HUNTZINGER, Jacques, *Introduction aux relations internationales*, Paris 1987.

[60] LUARD, Evan, *Basic Texts in International Relations*, Englewood Cliffs (NJ) 1960.
[61] MERLE, Marcel, *Sociologie des relations internationales*, Paris [4]1988.
[62] MITRANY, David, *The Making of the Functional Theory. A Memoir*, London 1975.
[63] SENARCLENS, Pierre DE, *La Politique internationale*, Paris 1992.
[64] ZORGBIBE, Charles, *Les Relations internationales*, Paris 1975.